評判を呼ぶプロの味づくり

和食店の人気の「ご飯料理」大全

吉田靖彦　著

和食店の人気の「ご飯料理」大全　目次

和食店の人気の「ご飯料理」大全　目次

四季折々で ひと工夫あるおいしさを

吉田　靖彦

ご飯料理は、ほかの一品料理と同じく、食材の取り合わせや調理法、味わいが多彩です。

会席料理の献立では食事として終盤に、ご飯や炊き込みご飯、混ぜご飯、雑炊、お茶漬け、粥などが供されますが、筍ご飯や松茸ご飯、ハモ雑炊やカニ雑炊などのように、オーソドックスとはいえ、やはり季節ごとの味覚を用いるとよく、そこに料理屋らしい個性を持たせると喜ばれます。

食事としてのご飯料理のボリュームはお客様のお望みに合わせるようにしますが、材料の取り合わせや調味法などは他の料理とのバランスで調えるようにして、献立の最後を好印象で終えるようにします。

献立中のご飯ものではほかに〝お凌《しの》ぎ〟として飯蒸しやすしなども用意

されます。これらは酒の酔いを防ぐためにお腹を満たして頂こうというものので、少量を召し上がって頂きますが、前菜や八寸などにも組み込むことが多く、酒の肴にも合うよう調えられるものです。

和食店のご飯料理では、弁当や点心、さらに昼食では丼のようにご飯ものを主として用意することも多く、多彩なメニューが考えられます。

いずれのご飯料理も四季折々の食材を上手に取り入れて、ご飯に添えるお椀や香の物も含めて、季節感溢れる仕立てで、美味しさや魅力を高めて頂ければと思います。

本書をお読みになる前に

◆材料の計量単位は1カップは200㎖、大さじ1は15㎖、小さじ1は5㎖です。

◆材料の分量表記中、「適量」、「適宜」とあるものについては、材料の性質や好みに応じて、ほどよい分量をご用意下さい。

◆酒とみりんは調理法によっては、適宜煮きってアルコール分をとばしてからお使い下さい。

◆ご飯の分量表記に関しまして、「雑炊」、「丼」などでは、炊きあがったご飯を使っていますが、炊く前の米の状態での分量表記となっている場合が多くありますのでご注意下さい。

◆本書で「だし」とある場合、昆布とカツオ節で引いた一番だしを指します。だしの引き方は、水5カップに利尻昆布15gをつけて30分ほどおき、これを火にかけ、95～96℃の沸騰直前に昆布を取り出します。そのまま沸騰するのを待ってカツオ節を入れ、火を止めて1～2分待ち、アクを除いてから布漉しして仕上げます。

◆魚のおろし方については「おろし身」「上身《じょうみ》」は魚をおろして腹骨や小骨を取り除いたものをいい、「上身《じょうみ》」は、さらにおろし身の皮を引いたものをいうこともあります。

炊き込みご飯

季節のめぐみを炊き込むご飯料理は、多彩な風味が楽しめ、ご馳走感があり、酒との相性もよく、料理屋に格好のもの。

とくに鯛や鮎、秋刀魚、牡蠣など旬の魚介を炊き込んだものは一尾を使ったり、土鍋で供すれば豪快さも出て喜ばれる。

春の筍や山菜、初夏にかけての豆類や新もの野菜、そして秋には松茸をはじめとする茸や栗などの木の実……。

四季折々の食材を上手に炊き込んで魅力あるご飯料理に。

鯛飯

薄塩を当てて焼いたタイをご飯と一緒に炊き込んだ豪華なご飯料理で、深い味わいも喜ばれる。
タイの骨身から出るだしの旨さが味の決め手。

材料（3人前）

米…3カップ
タイ…700g
ご飯合わせだし
　だし…580㎖
　淡口醤油…50㎖
　酒…60㎖
　みりん…30㎖
卵…3個
わけぎ…3本

覚え書き

タイを焼く際に塩をあてるので、ご飯合わせだしの醤油は控えめにする。

作り方

1 タイは水洗いして薄塩をあて、天火で焼き上げる。
2 卵は薄焼きにして錦糸卵を作る。
3 わけぎは小口切りにして水にさらす。
4 米は洗ってザルにあげ、1時間おいてから土鍋に入れる。合わせだしを入れ、1のタイをのせて蓋をし、強火で炊く。沸騰したら弱火にして15分炊いて火を止め、15分蒸らす。
5 蓋を開け、タイの骨を丁寧に取り除いて、わけぎを加え、ご飯をきり混ぜて器に盛り、錦糸卵を天盛りにする。

1 タイは薄塩をあてて焼き、米、合わせだしとともに土鍋に入れる。

2 沸騰したら弱火で炊き、そののち蒸らして仕上げる。

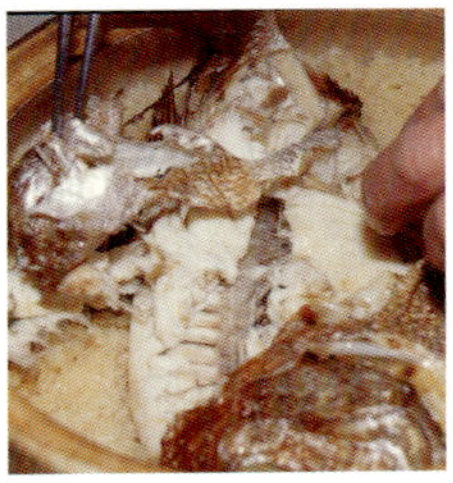

3 頭より尾に向けて身をほぐす。小骨など残さないように注意。別器で身をほぐしてから戻し入れる方が丁寧。

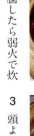

鮎飯

アユならではの香気が楽しめるご飯料理。ほどよく脂ののった夏場のアユを使い、たでの葉の清々しい風味と色みを添える。

材料（5人前）

米…3カップ
アユ…10尾
ご飯合わせだし（割合）
だし…12
酒…1
淡口醤油…1
みりん…0.7
たでの葉…5本

作り方

1 アユは水洗いして薄塩をあて、天火で素焼きにする。
2 米は洗ってザルにあげ、1時間おく。
3 土鍋に2の米、1のアユを入れ、米の2割増し量の合わせだしを入れ、蓋をして強火で炊き、沸騰してきたら弱火にして15分炊いて火を止め、15～20分蒸らす。
4 アユをほぐし、たでの葉を包丁で叩いて加え混ぜ、茶碗に盛る。

1 アユは薄塩をあてて焼いたのち、米、合わせだしとともに炊く。

2 炊き上がったら、頭を持って尾に向かってしごき、身をほぐす。

3 腹骨があるので取り除くようにする。

4 たでの葉を包丁で細かく叩いたものを加える。

5 全体をよく混ぜてから、器によそってすすめる。

蛸飯（干し蛸）

干しダコの旨みを活かした炊き込みご飯。
ひと晩かけて戻した干しダコを
こんにゃくや油揚げの具とともに合わせだしで炊いて、
イクラや柚子で彩りよく仕上げた。
干しダコは明石や淡路島の特産品として有名。

覚え書き

❖ご飯を蒸らすときに、薄切りの生ダコを加えてさっと火を通してもよく、タコの少しはぜたような食感が食をそそる。

材料（5人前）

米…5カップ
干しダコ…1/2枚
ご飯合わせだし（割合）
干しダコの漬け汁…6
一番だし…6
酒…6
淡口醤油…1
みりん…0.7
こんにゃく…1/2枚
油揚げ…1枚
わけぎ…適量
イクラ…適量
柚子…適量

作り方

1 鍋に昆布を入れて水を張り、酒少々を加えて干しダコを漬け、ひと晩おく。
2 米は洗ってザルにあげ、1時間ほどおいて水をきる。
3 1の干しダコの漬け汁は漉し、戻したタコは小口に切る。
4 こんにゃくは小さくきざんで、さっと湯通ししてアクを除く。油揚げも熱湯をかけて油抜きし、きざんでおく。
5 土鍋に米、米の2割増しの合わせだしを入れ、干しダコ、こんにゃく、油揚げを加える。蓋をして強火にかけ、沸騰したら中火で15分くらい炊き、次にごく弱火にしてさらに15分炊く。炊き上がったら火を止め、イクラ、わけぎ、針柚子を散らし、蒸らして仕上げる。

蛸 飯

活けのタコを炊き込んだ
食感に面白みのあるご飯料理。
生姜とワカメの風味がよく合う。

材料（5人前）

米…3カップ

ご飯の合わせだし
- だし…540㎖
- 酒…50㎖
- 淡口醤油…40㎖
- みりん…30㎖
- 塩…小さじ1/2

針生姜…30g

活けタコの足…500g

ワカメ（戻したもの）…50g

木の芽…10枚

作り方

1 米は炊く1時間前に洗ってザルにあげておく。

2 タコはぬめりをとって水洗いし、足を切り離して熱湯で霜降りにし、小口切りにする。

3 土鍋に1の米と針生姜を入れ、合わせだしを加えて蓋をして強火にかける。沸騰してきたら弱火にして5分炊いて2のタコの足を加えて20分火を止めて蒸らす。

4 包丁で叩いたワカメを加え混ぜ、茶碗に盛って木の芽を天盛りにする。

切ったタコを加えてほどよく加熱したら、細かく叩いたワカメも一緒に混ぜる。噛みしめるほどに磯の香がして、あとを引くおいしさ。

秋刀魚ご飯

ふっくら炊きあがったご飯に香り良く柚庵焼きにしたサンマをのせて黄菊やスジコで彩りよく仕上げた。冷めても味わいがよく、幅広い方に好まれるおいしさ。

材料（4人前）

米…3カップ
ご飯合わせだし
　だし…600mℓ
　淡口醤油…50mℓ
　酒…50mℓ
　みりん…36mℓ
針生姜…20g
サンマ…2尾
サンマ柚庵地
　だし…50mℓ
　濃口醤油…50mℓ
　酒…50mℓ
　みりん…50mℓ
　輪切り柚子…14枚
スジコ醤油漬け…50g
黄菊…6輪
木の芽…15枚
柚子…1/4個

作り方

1 米は洗ってザルにあげて1時間おく。
2 サンマは3枚におろして中骨、腹骨をすき取り、柚庵地に1時間漬け込む。
3 黄菊はほぐして酢少々を加えた熱湯でさっと湯がき、水にさらして水分をきる。
4 土鍋に1の米を入れ、針生姜を入れて合わせだしをはり、蓋をして強火で炊く。吹き上がってきたら弱火にしてから15分炊いて火を止め、10分蒸らす。
5 2のサンマの汁気をふいてこんがりと焼き、炊きあがりにのせる。スジコ醤油漬け、3の黄菊をちらし、木の芽をあしらう。

1 米は淡口醤油、酒、みりんで調味しただしで炊いておく。

2 サンマはご飯の炊きあがりに合わせて柚庵焼きにする。

3 炊きあがったご飯の上にサンマをのせ、茹でた黄菊を散らす。

4 スジコの醤油漬けも色どりよく散らす。

5 木の芽など青みを添えたら、客前にお持ちする。

5 サンマの身をほぐし、全体をきり混ぜてから、器に盛ってすすめる。

吹き寄せご飯

鶏肉、ごぼう、油揚げ、こんにゃくが具の
オーソドックスで人気の高い炊き込みご飯。
ここでは紫菊や銀杏などで秋の風情をプラスした。

材料（3人前）

米…3カップ
ご飯合わせだし
- だし…600㎖
- 淡口醤油…50㎖
- 酒…50㎖
- みりん…30㎖

鶏肉…120g
ささがきごぼう…30g
油揚げ…1枚
こんにゃく…1/4枚
銀杏…10粒
紫菊…3輪
人参…1/5本
さつま芋…1/5本
くちなしの実…1個
卵…3個
車エビ（30g）…4尾

作り方

1 米は洗ってザルにあげ、1時間おく。
2 車エビは塩茹でして、1cm長さに切る。
3 鶏肉は小さく切り、酒、塩少々をあて10分おいてから霜降りする。
4 ささがきごぼうはさっと湯がく。油揚げは油抜きをして細切りにする。こんにゃくは細切りにして湯がく。
5 銀杏は米のとぎ汁で湯がき、半分に切る。人参は紅葉型で抜いて湯がく。さつま芋はいちょう型で抜いて、くちなしの実を割り入れて湯がく。
6 薄焼き卵を焼き、細切りにして錦糸卵にする。
7 紫菊は花びらをほぐして、酢少々を加えた熱湯でさっと茹で、水にさらして水気をきる。
8 ご飯合わせだしで3の鶏肉と4のごぼう、油揚げ、こんにゃくをさっと炊いてザルにあげる。煮汁は冷ましておく。
9 土鍋に1の米を入れ、8の煮汁を加えて蓋をして強火で炊き、蒸気が吹きあがってきたら弱火にして15分炊いて火を止め、8の具を加え混ぜて10分蒸らす。
10 炊きあがったご飯の上に錦糸卵を盛り、準備した車エビ、銀杏、人参、さつま芋、紫菊を彩りよく散らす。

筍ご飯

筍のほんのりとした甘みが何よりのご馳走。
仕上げに同じ時季の〝生海苔〟を混ぜ込んで
季節の出合いの味も楽しんで頂く。

材料（3人前）

米…3カップ
筍…400g
油揚げ…1枚
筍ご飯合わせだし
だし…580㎖
淡口醤油…50㎖
酒…55㎖
みりん…35㎖
生海苔…50g
木の芽…12枚

作り方

1 筍は下処理をし、根元から1㎝厚さの輪切りにしてから、角切りにする。
2 油揚げは油抜きして軽くあぶり、縦3等分に切ってから小口切りにする。
3 生海苔は水にさらし、霜降りして色出しし、冷水に取って水気をきる。
4 米は洗ってザルにあげ、1時間おいてから土鍋に入れ、ご飯合わせだしを張り、筍、油揚げを加える。蓋をして強火で炊き、沸騰したら弱火にして15分炊いて火を止め、15分蒸らす。生海苔を混ぜ合わせ、器に盛って木の芽を天盛りにする。

覚え書き

❖筍の下処理／筍は斜めに穂先を切って、皮付きのまま鍋に入れて水を加え、タカの爪、米ぬかを加えて1時間ほど湯がく。竹串を刺してみて柔らかいようなら火を止め、そのまま3〜4時間おいて冷まし、皮をむいて水洗いする。

❖筍は皮を付けたまま湯がくと、竹皮はタンニンの作用で柔らかく茹で上がる。また茹でた後、そのまま冷ましおくことで、米ぬかの甘みが筍にのる。

松茸ご飯

香り高く炊き上げた松茸ご飯に
黒豆の枝豆を散らして
秋の実りが感じられるひと碗に。

材料（4人前）

米…3カップ
松茸…100g
油揚げ…1枚
ご飯合わせだし
　だし…600mℓ
　淡口醬油…40mℓ
　酒…40mℓ
　みりん…30mℓ
　塩…少々
黒豆枝豆…10房

作り方

1 米は洗ってザルにあげ、1時間程度おく。
2 松茸は石づきを取って薄切りにし、軽く塩と酒（各分量外）をふっておく。
3 油揚げは、熱湯で油抜きしてからみじん切りにする。
4 枝豆は塩茹でし、さやからだして薄皮をむく。
5 土鍋に1の米、合わせだし、油揚げを合わせ入れて蓋をして強火で炊く。吹きあがってきたら弱火にして15分炊いて火を止め、松茸を加えて10分蒸らす。仕上げに枝豆を散らす。

1 国産の松茸はぬれ布巾で、軸の汚れなどを拭き取る。輸入物の場合は水にしばらくつけて汚れを落とす。

2 松茸は薄切りにし、軽く塩と酒をふっておく。

3 米、合わせだし、刻んだ油揚げを入れて炊く。

4 炊き上がったら、松茸を加えて蒸らす。

5 蒸らし終えたら、全体をよく混ぜて、枝豆を散らす。

うすい豆ご飯

少し塩気のきいたご飯が豆の風味を引き立てる
春らしい色合いのご飯料理。
グリンピースの鮮やかな緑色を活かす方法を紹介。

材料（3人前）

米…2.5カップ
もち米…0.5カップ
グリンピース…150g
ご飯合わせだし
　水…650㎖
　酒…20㎖
　塩…小さじ1
　昆布…10g
花びら百合根※…20枚

作り方

1 鍋に水5カップ、塩大さじ1.5を入れ沸かしてグリンピースを湯がき、柔らかくなったら火を止める。豆が鍋底に沈んできたら、細い糸を引くような流水でゆっくりと冷まし、ザルにあげて水気をきる。

2 炊飯器に米ともち米を入れ、合わせだしの材料を加えて炊く。炊き上がりに**1**のグリンピースを加え混ぜ、10分ほど蒸らす。ご飯をきり混ぜて器に盛り、花びら百合根を添える。

覚え書き

❖うすい豆（グリンピース）を茹でた後、流水でゆっくり冷ますと、皮にしわがよりにくく、きれいに仕上がる。

❖米にもち米を少量加えて炊くことで、ご飯と豆がうまく混ざり合い、ご飯に甘みが出る。

❖花びら百合根は、百合根を花びら形にむいて、食紅少々と塩を少量加えた湯で湯がき、水にさらして水気をきったもの。

❖グリンピースは最初から炊き込むと米とよく馴染んでおいしいが、色がくすみシワが寄ってしまうのが難点。

栗おこわ

小豆の茹で汁で紅色に染まったおめでたさもあるご飯。
栗は大ぶりのまま使い、存在感のある仕上がりに。

材料（3人前）

米…1カップ
もち米…1カップ
栗…15個
小豆…1/2カップ
塩…小さじ2/3
黒ごま…少々
くちなしの実…2本

作り方

1 もち米は一晩水につけておく。
2 栗は水につけた後、皮をむいてくちなしの実を割り入れて固茹でし、水にとってザルにあげる。
3 小豆は一度茹でこぼしてから固茹でしてザルにあげる。茹で汁はとっておく。
4 炊飯器に洗った米、1のもち米、3の小豆を合わせ入れたら、これらと同量の小豆の茹で汁、塩小さじ2/3を加えて炊く。炊き上がったら2の栗を入れて蒸らす。
5 器に盛り、黒ごまをふる。

覚え書き

❖もち米はあまり水分を吸わないので、ご飯を炊く時は水加減に注意する。

浅蜊と花山葵ご飯

アサリの茹で汁で炊いたご飯にアサリの身と花わさびの醤油漬けを混ぜて。取り合わせの良さが楽しい洒落たおいしさ。

材　料（3人前）

米…3カップ

アサリご飯合わせだし
- アサリスープ…700mℓ
- 酒…20mℓ

アサリスープ
- アサリ（殻つき）…500g
- 昆布…10g
- 水…5カップ

アサリ煮だし汁
- アサリスープ…1カップ
- 酒…25mℓ
- 淡口醤油…30mℓ
- みりん…10mℓ
- 生姜汁…5mℓ

花わさび…1束

花わさび漬け汁
- だし…200mℓ
- 濃口醤油…70mℓ
- みりん…70mℓ
- 追いガツオ…ひとつまみ

菜の花…12本

吸地八方だし…適量

作り方

1 まずアサリスープをとる。アサリはこすり洗いし、水5カップに昆布を加えた鍋に入れて火にかけ、口が開いてきたら昆布を引き上げ、アクを取って火を止める。鍋のまま粗熱を手早く取り、アサリはザルにあげてむき身にし、残りのスープは布漉しする。

2 アサリ煮だし汁を用意する。**1**のアサリスープ1カップに、酒、淡口醤油、みりん、生姜汁を加えて味を調えて煮立て、**1**のアサリのむき身を入れて5分ほど炊く。

3 花わさびは水洗いしてバットに入れ、熱湯を張って2分おいて湯を捨てる。蓋をして半日おいて辛みを出し、漬け汁に1時間浸してから小口切りにする。

4 菜の花はそうじして塩湯がきし、吸地八方だしに漬け込む。

5 米は洗ってザルにあげ、ご飯合わせだしを加えて炊く。ご飯の蒸らし上がりに汁気をきった**2**のアサリと**3**の花わさびを加え混ぜ、ご飯をきり混ぜて器に盛り、菜の花を天盛りにする。

覚え書き

❖ アサリのスープをとるとき、アサリの身が縮んでしまうので、粗熱は手早く取るようにする。

❖ 花わさびの醤油漬けは酒の肴にも向き、保存が利くので重宝。

むかごご飯　栗ご飯

もち米を加えて炊いたご飯にむかご、
色よく茹でた栗を混ぜてお結びに。
お弁当につかっても見映えよく喜ばれる。

材料（1人前）

米…0.8カップ
もち米…0.2カップ
酒…小さじ1
塩…小さじ1/3
むかご…30g
栗…4個
黒ごま…適量

作り方

1 もち米は一晩水につけておく、米は洗ってザルにあげて1時間おく。米ともち米を合わせた同量の水加減にして、酒小さじ1、塩小さじ1/3を加えてご飯を炊く。

2 栗は皮をむいて粗く切ってくちなしの実を加えて湯がく。むかごは水洗いして塩蒸しする。**1**のご飯を2等分して、それぞれに湯がいた栗、むかごを混ぜて俵形ににぎる。栗ご飯の上には黒ごまをふる。

3 弁当箱にお結びと料理を彩りよく詰め入れる。

覚え書き

料理は「だし巻き卵」を細めに巻いたもの、「栗と黒豆枝豆、ハモのかき揚げ」に薄塩をあてたもの、「マナガツオの柚庵焼き」、焼き大葉百合根に梅肉を添えたもの、銀杏に抜いたさつま芋、大根と胡瓜の香の物。

五目混ぜご飯

炒め煮にした蓮根、人参、ごぼう、筍、椎茸とご飯を混ぜ合わせたオリジナルのご飯料理。煮汁も一緒に混ぜて味わいよく。

材料（3人前）

米…3カップ
車エビ（40g）…6尾
筍（水煮）…100g
蓮根…80g
人参…50g
ごぼう…80g
枝豆（むいたもの）…50g
干し椎茸（戻したもの）…3枚
サラダ油…大さじ1
合わせだし
だし…400mℓ
濃口醤油…60mℓ
酒…20mℓ
みりん…40mℓ

作り方

1 車エビは背ワタを取ってのし串を打ち、さっと塩茹でして冷水に取る。頭と尾を取って殻をむき、上身を5㎜厚さに切る。

2 筍、蓮根、人参、ごぼうはそれぞれ皮をむいて小さめの角切りにし、水にさらして水気をきる。枝豆は塩茹でしてザルにあげ、冷めたら薄皮をむく。戻した干し椎茸は、石づきをとって小さめの角切りにする。

3 鍋にサラダ油を熱し、2の筍、蓮根、人参、ごぼう、椎茸を炒めたら、合わせだしを加えて10分ほど炊き、具をザルにあげ、煮汁はとっておく。

4 米は2割増しの水加減で炊き、蒸らし上がりに3の野菜と車エビ、枝豆を加え混ぜ、3の煮汁を100mℓ加えて切り混ぜ、器に彩りよく盛る。

大根飯

素朴な旨みがじんわりと広がるひと品で
大根と大根葉の持ち味を堪能できる。
かつお節をかけて食べてもおいしい。

材料（2人前）

米…2カップ
ご飯合わせだし
だし…400㎖
酒…大さじ1
淡口醤油…小さじ1
塩…小さじ1/2
大根…150g
大根の葉…50g
油揚げ…1/2枚
酒、淡口醤油、塩…各少々

作り方

1 大根は3㎝長さのじく切りにする。
2 大根の葉は小口切りにする。
3 油揚げは熱湯で油抜きをし、縦半分に切ってから細切りにする。
4 フライパンにサラダ油大さじ1を熱し、大根を入れて水分を飛ばすように炒め、大根の葉と油揚げを加えてさらに炒め、酒、淡口醤油、塩各少々で下味をつける。
5 米はご飯合わせだしを入れて炊き、炊き上がったら**4**を加えて蒸らし、全体に混ぜる。

雑炊

喉越しよく食をすすめて料理のしめにうってつけで、とくに鍋物のあとに楽しみとする人も多い。雑炊は粘りを出さないよう、ご飯のぬめりを洗うこと、そして必要以上に炊きこまないことなどがポイント。おろした山芋を加えると口当たりがよく喜ばれる。

蟹となめこの雑炊

上品なカニの旨みが喜ばれるが、おろした山芋を加えることでなめらかな食感に仕上げている。卵をご飯全体になじませて色みよく、口当たりも柔らかに。

材料（1人前）

ご飯…米1/2カップ分
ズワイガニ（上身）…70g
なめこ…30g
おろし山芋…50g
卵…1個
三つ葉…3本
梅肉…少々
柚子胡椒
雑炊合わせだし（200㎖使用）

だし…5カップ
塩…小さじ1
淡口醤油…小さじ1
酒…大さじ1

作り方

1 ご飯はぬるま湯で洗ってぬめりを取り、ザルにあげて水気をきる。
2 ズワイガニはさばいておく。
3 なめこはヌメリを取って、湯通しする。
4 三つ葉は葉を取って、1.5cm長さに切る。
5 鍋に雑炊合わせだしを沸かして1のご飯を入れ、ひと煮立つちしたらおろし山芋を溶き入れる。ズワイガミ、なめこ、三つ葉を加え、弱火にて軽く溶いた卵を外側より流し込み、火を止めて軽く混ぜる。
6 器に5を盛り、梅肉を中心に盛る。好みで柚子胡椒をふる。

1 ご飯をぬるま湯で洗い、ぬめりを除く。ぬめりはしっかりと除くこと。

2 合わせだしを火にかけ、煮立ったらご飯を加えて、ひと煮立ちさせる。

3 おろし山芋を溶き入れる。続いてカニ、なめこ、三つ葉を加える。

4 卵は軽く溶きほぐし、分離しないよう、弱火にして流し入れる。

5 火を止め、軽く混ぜ合わせ、卵を全体に均一になじませる。

覚え書き

❖ 卵を加えたら火を止め、ひと呼吸おいて軽く混ぜると、全体によくなじむ。

松葉蟹玉〆雑炊

「カニすき鍋」の後のだしを使って、目先の変わったご飯料理に。ご飯に玉汁をはって蒸し、熱々をすすめる。玉子のなめらかさとカニの旨みがよく合い、食がすすむ。

材料（3人前）

ご飯…米1カップ分
松葉ガニ肉…150g
なめこ…30g
三つ葉…6本
玉汁
　だし…600mℓ
　淡口醤油…50mℓ
　みりん…40mℓ
　酒…50mℓ
卵…3個
柚子…少々

作り方

1　ご飯は3等分し、軽くにぎって器に盛り、なめこを散らして玉汁を張り、葉三つ葉をあしらう。

2　1を中火で12分蒸し、みじん切りの柚子を天盛りにする。

覚え書き

❖玉汁のだしは、カニすき鍋のだし（だし600mℓ、淡口醤油50mℓ、みりん40mℓ、酒50mℓ）を使う。カニすき鍋の後でだしを漉し、煮詰まった分だけだしでのばす。これを溶き卵と混ぜ合わせ、ザル漉しして玉汁とする。

もずく雑炊

あっさりとして口当たりもよく、酒席の締めくくりに喜ばれる。もずくを加えたらすぐに火を止めて、磯の香りや持ち味を活かす。

材 料（3人前）

ご飯…米1カップ分
もずく…150g
雑炊合わせだし
　だし…5カップ
　塩…小さじ1
　淡口醤油…小さじ1
　酒…大さじ1
梅干し…1個

作り方

1 ご飯はぬるま湯で洗ってザルにあげる。
2 もずくは塩抜きして包丁で軽く叩き、色出しして冷水にとった後、水気をきる。
3 鍋に雑炊合わせだしを沸かして1のご飯を入れ、ひと煮立ちしたらもずくを加えて火を止める。
4 器にもずく雑炊を入れ、たたき梅を天盛りにする。

さっぱり雑炊

アジの干物のむしり身に大葉とみょうがを添えた夏向きの雑炊。細かく刻んだしば漬けも加えて、すっきりした旨みを広げる。

材料（3人前）

ご飯…米1カップ分
アジの干物…1枚
大葉…6枚
みょうが…2個
しば漬け…20g
雑炊合わせだし
　だし…5カップ
　塩…小さじ1
　淡口醤油…小さじ1
　酒…大さじ1

作り方

1 ご飯はザルに入れ、ぬるま湯で洗ってぬめりを取り、水気をきる。

2 アジの干物は酒をぬって焼き、皮と骨を取って身をほぐしておく。

3 しば漬けは粗みじんに切る。みょうがは1枚ずつはがし、細切りにして水にさらす。大葉は色紙切りにする。

4 鍋に雑炊合わせだしを沸かして**1**のご飯を加え、ひと煮立ちしたらアジの干物としば漬けを加え、再び煮立ったら火を止めて器に盛り、みょうが、大葉を添える。

鱧雑炊

初秋の風情が感ぜられるひと碗。
だしは淡い加減に調えて梅肉の風味で味をまとめる。

材 料（1人前）

ご飯…米2/3カップ分
ハモ（上身）…40g
松茸…1/2本
雑炊合わせだし（作りやすい分量）
だし…5カップ
塩…小さじ1
淡口醤油…小さじ1
酒…大さじ1
みょうが…1/2個
大葉…2枚
梅肉…小さじ1/2

作り方

1 ご飯はぬるま湯で洗ってぬめりを取り、ザルにあげる。
2 ハモの上身は細かく骨切りをして切り落とし、熱湯で霜降りにする。
3 松茸は3cm長さの薄切りにする。
4 みょうがは針打ちにして水にさらす。大葉は色紙切りにして水にさらす。
5 鍋に雑炊の合わせだし300mℓを入れて沸かし、**1**のご飯を加えてひと煮立ちしたら、**2**のハモ、**3**の松茸を加えて1分ほど煮て火を止める。
6 器に盛り、針みょうが、大葉をちらして梅肉を天盛りにする。

河豚白子雑炊

最高に贅沢な味わいのフグ雑炊。「フグちり」の後のだしをご飯に吸わせたら、フグの皮と白子をたっぷり加え、ふんわりと卵でとじて仕上げる。ご馳走の雑炊なので蒸らし加減も細心の注意を払いたい。

材料（3人前）

ご飯…米1カップ分
フグ…1kg
白子…1腹分
おろし山芋…80g
卵…2個
あさつき…5本
雑炊合わせだし
- フグのスープ…6カップ
- 塩…小さじ1
- 酒…大さじ1
- 淡口醤油…小さじ1.5

ポン酢醤油…大さじ1
紅葉おろし…少々

作り方

1 ご飯はぬるま湯で洗ってザルにあげる。
2 フグはさばき、皮はそうじをして湯引きし、細かくきざむ。白子は霜降りして、薄切りにする。
3 フグの上身、アラはてっちり（フグちり）にして、残ったスープは漉す。
4 土鍋に3のフグのスープを沸かし、ご飯を入れて蓋をして火にかけ、煮立ってきたらおろし山芋を溶き入れて混ぜる。2のフグの皮と白子を入れ、塩、酒、淡口醤油で味を調え、火を止めて1分ほどおいてから溶き卵を流し入れ、軽く混ぜてあさつきを散らし、蓋をして2～3分蒸らす。
5 器に4の雑炊を盛り、好みでポン酢醤油、紅葉おろしを加える。

覚え書き

❖ 土鍋は余熱が強いので卵を溶き入れるときは粗熱を取ってから入れる。また、卵を加えてから少し蒸らすことによって、だし汁と卵のなじみがよくなる。

牡蠣雑炊味噌仕立て

田舎味噌を使った温もりのある味わい。
カキは最後に加えて身のぷっくりしたところをすすめる。
芹や柚子胡椒の香りがよく合う。

材 料（3人前）

ご飯…米1カップ分
生ガキ…12個
大根おろし…100g
おろし山芋…50g
味噌だし
　だし…600mℓ
　田舎味噌…40g
　酒…小さじ1
芹…2本
三つ葉…少々
柚子胡椒…少々

作り方

1 カキは大根おろしで軽くもんで洗う。
2 ご飯はぬるま湯で洗ってザルにあげ、味噌だしを沸かした鍋に加える。ひと煮立ちしたら、おろし山芋を溶き入れてカキを加え、2～3分加熱して火を止める。
3 器にカキ雑炊を盛り、刻んだ芹と三つ葉を天盛りにし、好みで柚子胡椒を添える。

牡蠣の和風リゾット

白味噌とクリームチーズを調味に使ったこくと旨みの濃厚なリゾット。
米はオイルで炒めてからだしを注ぎ、芯が少し残るように丁寧に加熱する。

材料(2人前)

米…1カップ
洋風味噌だし
　だし…300mℓ
　白味噌…80g
　クリームチーズ…15g
生ガキ…100g
舞茸…1/3パック
酒…大さじ2
あさつき…3本

作り方

1 カキは大根おろしで洗う。舞茸は食べよくほぐす。カキと舞茸を酒でさっと炒っておく。

2 洋風味噌だしのだしを沸かし、白味噌とクリームチーズを溶き入れる。

3 フライパンを熱して、エキストラバージンオリーブオイル大さじ2をひき、生の米を入れて炒める。透き通ってきたら**1**の洋風味噌だしを少しずつ加えて、米の芯が少し残る位まで、軽く混ぜながら火を通す。仕上がりに酒炒りにしたカキと舞茸を加えて混ぜ合わせ、なじんだら火を止める。

4 器に**3**のリゾットを盛り、小口切りにしたあさつきを散らす。

粥

米を水からことこと炊いて作る粥は、特有の柔らかさや温かみがあって、雑炊とはひと味違った魅力がある。粥は米に対する水の割合で、米1に対し水5の〝全粥〟、水の量がその倍となる〝五分粥〟、さらに水分量の増える〝三分粥〟などもあるが、コース料理の最後ということでは全粥と五分粥のちょうど中間くらいの濃度が、重すぎず頃合である。炊きたてのふっくらと優しい味わいをすすめ、魅力を高めたい。

このわた粥

コノワタあんの絶妙な風味が魅力に。
コノワタをだしと酒とでのばしたら、ほどよく塩気を足し、
口当たりよく葛を引くのがコツ。

材　料（3人前）

白粥
米…1カップ
水…8カップ
塩…小さじ1
コノワタあん
だし…2カップ
酒…大さじ1
淡口醤油、塩…各小さじ1/3
コノワタ…150g
水溶き葛粉…適量

作り方

1 米は洗ってザルにあげて1時間おいてから、土鍋に入れて水を張り、蓋をして強火で炊く。沸騰してきたら弱火にして20分炊き、塩を加えて蓋をして、20分蒸らす。

2 コノワタあんを作る。だしと調味料を合わせて火にかけ、煮立ってきたら水溶き葛で強めにとろみをつけ、コノワタを加え混ぜる。

3 器に**1**の粥を盛り、熱々の**2**のコノワタあんを好みの量かける。

梅粥

ほどよく梅の風味と酸味がきいたあんが食をすすめる。梅干しは白粥に映えるよう赤みの鮮やかなものを使用。

材料（3人前）

白粥
- 米…1カップ
- 水…8カップ
- 塩…小さじ1

梅あん
- だし…3カップ
- 梅干し…3個
- 濃口醤油…小さじ1
- 水溶き葛粉…適量

作り方

1 白粥を作る。米は洗ってザルにあげ、1時間おいてから土鍋に入れて水を張り、蓋をして強火で炊く。沸騰してきたら弱火にして20分炊いて塩で味を調え、蓋をして20分蒸らす。

2 梅干しは裏漉しし、だしと混ぜ合わせて火にかけ、沸騰してきたら濃口醤油を入れ、水溶き葛で強めにとろみをつけて梅あんを作る。

3 器に**1**の白粥を盛り、**2**の梅あんを張る。

飛鳥粥

牛乳が加わった異国趣味の粥。
骨付きの鶏もも肉もプラスし、
食べ応えを出している。
黒胡椒で風味を引き締めて、
印象に残るひと碗に。

材　料（2人前）

粥
米…1カップ
水…7カップ
牛乳…1カップ
塩…小さじ1
黒胡椒…少々
鶏もも肉（骨付き）…300g
ごま油…大さじ3

作り方

1 鶏もも肉は大きめのぶつ切りにして、霜降りする。

2 土鍋に米、水、1の鶏肉を入れ、蓋をして強火で炊く。沸騰したら弱火にして30分炊いて、牛乳、塩、黒胡椒を加えて味を調えたら火を止め、10分蒸らす。

3 器に2の粥を盛り、好みでごま油をかける。

覚え書き

❖ 仕上げに松の実やくるみ、ごまなどを加えてもおいしい。

海鮮粥

薄造りにしたヒラメに熱々の粥をはって、
ごま油と黒酢を混ぜた
〝加減酢〟で中華風にすすめる。
ウニやイクラも添えて華やかに仕上げた。

材料（2人前）

粥
- 米…1/2カップ
- 水…4カップ
- 塩…小さじ1/2

ヒラメ（上身）…150g
アワビ（上身）…80g
生ウニ…50g
イクラ…50g
三つ葉…3本
加減酢※…適量

作り方

1 米は洗ってザルにあげ、1時間おいてから土鍋に入れて水を張り、蓋をして強火で炊く。沸騰してきたら弱火にして20分炊いて塩で味を調え、蓋をして20分蒸らす。
2 ヒラメとアワビの上身はそれぞれ薄造りにする。
3 器の縁に沿ってヒラメの薄造りを張りつけるように盛りつけ、熱々の粥を入れ、アワビの薄切り、生ウニ、イクラ、三つ葉の葉を彩りよく盛り、好みで加減酢をかける。

覚え書き

❖ 加減酢は、黒酢30㎖、濃口醤油30㎖、みりん20㎖、ごま油20㎖を合わせたもの。

お茶漬け

お茶漬けは常備菜の漬物や佃煮にお茶をかけたごく家庭的な気取りのないものから吟味した具を使って工夫を凝らした料理屋らしいちょっと贅沢なものなど、取り合わせいかんで多彩な味わいが生まれる。

本書では鮮魚の造り身をたれに漬けた茶漬けや炊き込みご飯の茶漬けを収録したが、これらはお茶だけでなく、吸地を使ってもよく合い、料理性を高めてくれる。

ご飯は温かいものを用意し、やや少なめに盛ったら熱々のお茶やだしをはって風味よくすすめたい。

小柱かき揚げ茶漬け

さっくりと揚げたコバシラの天茶漬け。
煎茶と吸地の合わせだしでほどよいコクを楽しむ。

材料（1人前）

ご飯…適量
コバシラ…30g
三つ葉…3本
天ぷら衣
—冷水…1/2カップ
—小麦粉…100mℓ
—卵黄…1/2個分
合わせだし
—煎茶…100mℓ
—吸地…100mℓ
焼き海苔…1/4枚
おろしわさび…少々

作り方

1 コバシラは塩水で洗い、水気をきる。
2 三つ葉は2cm長さに切り揃える。
3 ボウルに1、2を入れて軽く打ち粉をふって混ぜ、天ぷら衣を少々加えてさっくりと混ぜ合わせ、180℃の油でからりと揚げる。
4 器にご飯をよそい、焼き海苔をもんでのせ、3のかき揚げを盛る。熱々の合わせだしをかけ、おろしわさびを添える。

覚え書き

❖ 天ぷら衣はかき揚げの場合、具材が細かく、衣を早く固めたいので卵黄の量を通常の天ぷら衣の2倍にするとよい。
❖ 吸地は、だし5カップ、塩小さじ1、淡口醤油小さじ1、酒小さじ1を合わせたもの。

筍ご飯、鯛茶漬け

筍に桜鯛を取り合わせた春ならではの美味。
風味のよい潮だしを用いることで、
印象深いご飯料理に。

材料（1人前）

筍ご飯（22頁参照）…米0.5カップ分
タイ（切り身）…5枚
潮だし
―タイのアラ（頭、カマ、中骨）…1尾分
水…10カップ
酒…100㎖
昆布…20g
塩…適量
―淡口醤油…小さじ1
紅葉おろし…少々
木の芽…5枚

作り方

1 タイは上身をそぎ切りにし、隠し包丁を入れて、木の芽を挟む。

2 潮だしを作る。タイのアラは適当な大きさに割って、粗塩をひとにぎり分当てて1時間おき、霜降りして冷水に取り、ウロコやアクを丁寧に取る。

3 鍋に昆布を敷いて2を入れ、水、酒を加えて強火で炊き、沸いてきたら昆布を取り出し、アクを丁寧に取って弱火にして15分ほど炊く。塩加減をみて薄ければ少々塩を足し、淡口醤油、酒少々を加えて味を調える。

4 器に筍ご飯を一文字に盛り、1のタイの上身を並べて、熱々の3の潮だしをかけ、紅葉おろしを天盛りにする。

覚え書き

❖ タイのアラに強めに塩を当てて1時間おくことで、魚の生臭みが取れて身がしまり、タイの持つ甘みと旨みが引き出される。

平目茶漬け

みょうが、大葉、生姜と、
香味野菜をたっぷりと添えた
女性にも喜ばれる仕立て。
芳ばしい海苔とすりごまが
いっそう食をそそる。

材料（1人前）

ご飯…適量
ヒラメ（上身）…50g
みょうが…1/2個
大葉…2枚
針生姜…少々
芽ねぎ…適量
もみ海苔…少々
白すりごま…小さじ1/2
花穂じそ…2本

ヒラメの漬け汁
（一度煮立てて冷ましたもの）
だし…20㎖
濃口醤油…20㎖
酒…20㎖
みりん…10㎖

吸地（作りやすい分量）
だし…5カップ
塩…小さじ1
淡口醤油…小さじ1
酒…小さじ1

作り方

1 ヒラメは皮を引いて、そぎ切りにし、漬け汁に1時間漬け込む。

2 みょうが、大葉、土生姜はそれぞれ針打ちにして水にさらす。芽ねぎは半分に切って水にさらす。

3 器にご飯を少なめに盛り、もみ海苔をしいてヒラメをのせ、すりごまをふる。**2**を天盛りにして、花穂じそを散らし、熱々の吸地（300㎖）をはる。

牡蠣ご飯茶漬け

カキの旨みたっぷりの炊き込みご飯。
目先を変えて茶漬けにしても
味わいよく面白みがある。

材料（3人前）

米…3カップ
生ガキ…300g
大根おろし…200g
カキの漬け汁
―だし…100mℓ
―濃口醤油、酒…各100mℓ
―みりん…80mℓ
カキご飯用合わせだし
―だし…570mℓ
―酒…55mℓ
―淡口醤油…55mℓ
―みりん…40mℓ
土生姜（針打ち）…50g
ふきのとう…2個
紅葉おろし…少々
吸地（作りやすい分量）
―だし…5カップ
―塩…小さじ1
―淡口醤油…小さじ1
―酒…小さじ1

作り方

1 カキは大根おろしでもみ洗いして水気をきり、漬け汁に1時間つけた後、天火で焼いて細かく切る。
2 炊飯器に米、カキご飯用合わせだし、針打ちにした生姜を混ぜ合わせて炊く。炊き上がったら蒸らしてから1のカキを加えて混ぜる。
3 器にカキご飯の形を整えて盛り、紅葉おろしとふきのとうの葉を添え、熱々の吸地を1人前につき300mℓかける。

鰻焼きおにぎり茶漬け

夏場に喜ばれるひと品。
粉山椒とほうじ茶で
あと味をさっぱりと。

材　料（3人前）

ご飯…3カップ分
ウナギタレ焼き（200g）…2尾
ウナギダレ※…100㎖
粉山椒…少々
おろしわさび…少々
ほうじ茶…適量

作り方

1 香ばしくタレ焼きにしたウナギは2㎝角に切る。
2 炊きたてのご飯に**1**のウナギとウナギダレを混ぜ合わせ、好みで粉山椒をふる。これを3等分して太鼓形ににぎり、180℃のオーブンで5分焼く。
3 器に**2**を入れておろしわさびを天盛りにし、ほうじ茶をかける。

覚え書き

❖ウナギダレは、ウナギ中骨の白焼き500g、濃口醤油、たまり醤油、酒、みりん各1ℓ、氷砂糖400gを鍋に合わせ入れ、弱火にかけ、アクを取りながら2時間程度煮詰めたもの。

丼

温かいご飯に料理をのせて一緒に食べる〝丼〟は手軽さが魅力で、具やタレ、つゆの味などがからまって生まれる独特のおいしさは格別のもの。

従来のイメージとは少し違えて、洋風、アジア各国風にアレンジしても楽しいし、器も小ぶりの丼や浅めの鉢を使うなど工夫するとよく、女性にも喜ばれる洒落た雰囲気に仕上がる。

鮪丼とろろがけ

マグロ好きにはたまらない丼メニュー。
中トロでも赤身でもよく、
割り醤油にくぐらせ、
とろろやご飯と馴染みよく作る。

材料（1人前）

ご飯…米0.7カップ分
中トロ…150g
とろろ
おろし山芋…100g
だし…150mℓ
淡口醤油…小さじ1/2
塩…少々
もみ海苔…ひとつまみ
わさび…少々
切りごま…少々
割り醤油
（64頁「海鮮丼」参照）…適量

作り方

1 マグロの中トロはそぎ切りにして、割り醤油にくぐらせる。

2 山芋はおろしてすり鉢に入れ、なめらかにあたってだしを加え、淡口醤油と塩で味を調える。

3 器にご飯を盛ってもみ海苔をのせ、マグロを豪快に盛りつけて2のとろろをかける。おろしわさびを天盛りにして、切りごまを散らす。

海鮮丼

海の幸を豪快に、贅沢に。
新鮮な魚介をふんだんに盛り込んで。

材料（1人前）

ご飯…米0.7カップ分
車エビ…1尾（40g）
アカ貝…1/2個
剣イカ…2切れ
トロ…2切れ
タイ…2切れ
生ウニ…30g
イクラ…30g
ウナギ（タレ焼き）…30g
もみ海苔…ひとつまみ
わさび…少々
大葉…1枚
芽じそ…少々
花穂じそ…2本
割り醤油※…20㎖

作り方

1 車エビは背ワタを取って霜を降り、頭を取って殻をむき、縦半分に切る。

2 アカ貝は鹿の子に包丁を入れ、剣イカは縦に包丁をしてそれぞれ丸める。

3 トロ、タイはそれぞれそぎ造りにする。

4 器にご飯を盛ってもみ海苔を広げのせ、**1**～**3**、ウニ、イクラ、ウナギを彩りよく盛りつける。おろしわさびを天盛りにし、大葉、芽じそをあしらい、花穂じそを散らす。割り醤油を別添えにする。

覚え書き

❖割り醤油
造り醤油を同量の煮きり酒で割ったもの。造り醤油は濃口醤油700㎖、たまり醤油200㎖、みりん100㎖、昆布20gを鍋に入れて火にかけ、煮立ってきたらカツオ節30gを加えて火を止め、そのまま一晩おいてから漉して作る。

アボカド鮪丼

相性のよいアボカドとマグロに、
イクラと長芋、黒オリーブを
配した新感覚の丼。
わさび醤油ですっきりとひきしめる。

材料（1人前）

ご飯…適量
マグロ赤身…50g
アボカド…1/4個
イクラ…20g
長芋…10g
黒オリーブ…2個
イタリアンパセリ…1枝
わさび醤油（作りやすい分量）
- 濃口醤油…30mℓ
- たまり醤油…10mℓ
- 煮きり酒…30mℓ
- みりん…10mℓ
- おろしわさび…小さじ1

覚え書き

❖ わさび醤油にマヨネーズを少量加え混ぜてもおいしい。

作り方

1 マグロは1cm角に切り、造り醤油（濃口醤油と煮きり酒を同割にしたもの）にさっとくぐらせる。

2 アボカドは皮をむいて種を取り、薄塩をあてて1分蒸して色出しをしてから1cm角に切る。

3 長芋は小さめの角切りにし、酢水につける。黒オリーブは薄切りにする。

4 小ぶりの丼にご飯を少なめに盛り、1、2とイクラをのせ、長芋、黒オリーブを天盛りにしてイタリアンパセリをあしらう。好みの量のわさび醤油をかける。

牛ヒレ肉、フォアグラ丼

上質の牛肉とフォアグラをのせた贅沢どんぶり。
彩り野菜もたっぷり添えて女性にも喜ばれる仕立てに。

材料（1人前）

ご飯…適量
牛ヒレ肉…80g
フォアグラ…50g
玉ねぎ…1/5個
赤・黄ピーマン…各1/8個
茄子…1/4本
クレソン…2本
塩、胡椒、にんにくオイル…各適量
にんにくチップ…1片分
粒マスタード…小さじ1
かけダレ※（作りやすい分量）
濃口醤油…100mℓ
たまり醤油…50mℓ
みりん…150mℓ
酒…100mℓ
氷砂糖…10g

作り方

1 牛ヒレ肉は塩、黒胡椒をする。フライパンに、にんにくオイルをしいて熱し、ヘレ肉をミディアムレアに焼き上げ、食べやすい大きさに切りわける。

2 フォアグラは塩、胡椒をして小麦粉をまぶし、にんにくオイルをしいたフライパンで両面を焼く。

3 玉ねぎは皮をむいて輪切りにする。赤、黄ピーマンはそれぞれ短冊切りにする。茄子は拍子木切りにする。油をしいたフライパンで玉ねぎ、ピーマン、茄子をさっと炒め、塩、胡椒で味を調える。

4 小ぶりの丼にご飯を盛り、3の野菜を広げおき、牛ヒレ肉、フォアグラをのせ、かけダレ20mℓをかけ、にんにくチップを散らし、クレソンをあしらい、粒マスタードを添える。

覚え書き

※かけダレは材料を火にかけ、弱火にて2割ほど煮詰めたもの。

おくら、山芋、二色とろろご飯

緑と白のとろろにスジコの赤が
映える彩りの楽しいご飯。
人気の雑穀ご飯を喉越しよくすすめ、
体にも優しい一品に。

材料（1人前）

米…0.4カップ
雑穀米…0.1カップ
山芋とろろ
　山芋…40g
　だし…30㎖
　塩…少々
　淡口醤油…少々
　卵黄…1/4個分
オクラとろろ
　オクラ…4本
　だし…30㎖
　塩…少々
　淡口醤油…少々
スジコ醤油漬け※…30g

作り方

1 米は洗ってザルにあげ、雑穀米と合わせて普通の水加減で炊く。

2 山芋は皮をむき、みょうばん水につけ、アク止めをしてから水洗いをする。すり鉢のへりですり、さらにすりこ木であたり、吸い物位の味加減のだしと卵黄を加えてとろろを作る。

3 オクラはそうじをして塩みがきをしてから茹で、冷水にとって水気をきり、縦半分に切って種を取る。ミキサーにオクラと吸い物位の味加減のだしを入れ、オクラとろろを作る。

4 小さめの丼に雑穀ご飯を盛り、二色とろろとスジコの醤油漬けをのせる。

覚え書き

❖スジコ醤油漬けの作り方／鍋にだし120㎖、濃口醤油40㎖、酒40㎖、みりん40㎖を合わせて火にかけ、煮立ってきたら追いガツオをして冷まし、漬け汁を作る。スジコは40℃の湯に1～2分つけてからほぐし、冷水で洗ってザルにあげ、酒で洗って漬け汁に漬ける。

ぜいたく納豆丼

納豆に長芋、オクラ、なめこと、
ねばねばの食感を牛肉に
からませてご飯に。
ボリュームたっぷりで
ランチメニューに最適。

材料（1人前）

ご飯…米0.7カップ分
納豆…70g
牛肉（しゃぶしゃぶ用）…50g
長芋…30g
オクラ…2本
なめこ…30g
わけぎ…1本
濃口醤油…小さじ1
煮きりみりん…小さじ1/4
わさび、または溶き辛子…少々
もみ海苔…ひとつまみ
温度卵※…1個

覚え書き

❖温度卵は69℃〜70℃の湯に卵を20分ほど漬け、冷水に落として冷まして作る。ここでは柔らかめに仕上げたものを使っている。

作り方

1 牛肉は熱湯に通して水に落とし、水気をきって細切りにする。
2 長芋は皮をむいて酢水に漬け、水洗いして小さい角切りにする。
3 オクラはそうじして塩みがきし、湯がいて冷水に落とし、水気をきって小口切りにする。
4 なめこはぬめりを取り、湯に通して冷水に落とし、水気をきる。
5 わけぎは小口切りにして水にさらし、水気をきる。
6 納豆に1〜5を加えて混ぜ合わせ、濃口醤油とみりんで味を調え、おろしわさび（または溶き辛子）を加えてよく混ぜる。
7 器にご飯を盛って海苔をしき、6の納豆をのせて真ん中に温度卵を落とす。

親子丼

具材の旨みを活かした味わいと
半熟状の卵が絡み合ったおいしさは
ご飯にのせることで格別に。
卵は鍋をゆすって空気を含ませると、
ふわふわに仕上がる。

材　料（1人前）

ご飯…米1カップ分
鶏もも肉…80g
玉ねぎ…1/4個
わけぎ…2本
卵…2個
粉山椒…少々

丼だし
だし…200mℓ
濃口醤油…24mℓ
淡口醤油…26mℓ
みりん…50mℓ
砂糖…小さじ1/2

覚え書き

❖卵は黄身と白身が完全に混ざらない程度に溶いて、こしを残す方が食感がよい。

作り方

1 鶏肉は小さめに切る。

2 玉ねぎは薄切りにし、わけぎは斜め切りにする。

3 鍋に丼だしを入れて沸かし、鶏肉と玉ねぎを加える。火が通ったらわけぎを入れ、軽く溶いた卵を半量流し入れて、鍋をゆすりながら火を通す。卵が固まってきたら残りの卵を流し、同様にゆすって空気を含ませ、半生の状態に仕上げる。

4 丼にご飯を盛り、**3**を流し込む。好みで粉山椒や一味唐辛子、七味唐辛子をふる。

親子丼をふわふわに作るコツ

1 卵を流す

丼だしで鶏肉、玉ねぎ、わけぎに火を通し、軽く溶いた卵の半量を全体に流す。卵はこしを残した方が食感がよい

2 空気を含ませる

鍋を横にゆすりながら火を通す。鍋をゆすることで卵に空気が入り、ふわりとした状態に。

3 残りの卵を流す

残りの半量の卵を加え、再び鍋をゆすって空気を含ませる。2回に分けると、下の卵が空気を含みやすくなる。

4 半熟状で丼に

とろとろの半熟状の加減になったら火からおろし、ご飯を盛った丼に橋より流し込む。

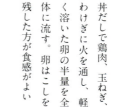

穴子丼

ふっくらと炊けたアナゴの
おいしさが格別。
筍やねぎと一緒に卵で
ふんわりととじたら
煮こごり状の煮汁をかけて
いっそう食をすすめる仕立てに。

材料（1人前）

ご飯…米0.7カップ分
アナゴ…1尾
アナゴ煮だし汁
（作りやすい分量）
だし…400mℓ
酒…100mℓ
淡口醤油…20mℓ
濃口醤油…20mℓ
みりん…40mℓ
砂糖…小さじ1
茹で筍…30g
長ねぎ…1/4本
卵…1個
三つ葉…3本
粉山椒…少々

作り方

1 アナゴは開いて背ビレを引き、皮目を上にして湯をかけ、冷水に落としてぬめりを取る。
2 鍋にアナゴ煮だし汁を沸かして1を入れ、弱火で15分炊く。
3 筍は薄切りにし、長ねぎは斜め切りにして水にさらし、水気をきる。三つ葉は葉を使用する。
4 2のアナゴの煮だし汁を漉して鍋に200mℓを入れ、筍と長ねぎ、煮アナゴを半分に切って加え、火にかける。煮立ってきたら溶き卵を流し入れて、三つ葉を散らす。丼に盛ったご飯の上にのせ、好みで粉山椒をふる。

覚え書き

❖アナゴ煮だし汁を漉して使用するとき、煮詰まって辛くなった場合、適宜だしを加えてのばして使う。

石焼き鱧　あんかけ丼

じゅっと焼けたハモとご飯が芳ばしい。
出会いの松茸、ハモの旨みを封じ込めたあんと、
ご馳走感たっぷり。

材料（1人前）

ご飯…適量
ハモ（上身）…40g
松茸…10g
白キクラゲ（戻したもの）…20g
あさつき…少々
ハモあんかけだし
（作りやすい分量）
だし…5カップ
ハモの頭、中骨…1尾分
濃口醤油…90mℓ
オイスターソース…15mℓ
みりん…100mℓ
ごま油…10mℓ
玉ねぎ（薄切り）…1個分
水溶き葛粉…適量
生姜汁…5mℓ

作り方

1 ハモの上身は骨切りをしてから細く切り落とす。

2 松茸は薄切りにし、白キクラゲは軸を落とす。

3 ハモのあんかけだしを作る。ハモの頭、中骨は素焼きにしてから、だしに入れて火にかけ、15分位煮出したら調味料を加えて、玉ねぎを入れて煮、水溶きの葛粉でとろみをつけて生姜汁を加える。

4 石焼き用の丼を熱して、ご飯を少なめに盛り、**1**のハモ、**2**の松茸と白きくらげをのせ、熱々の**3**のあん300mℓをかける。3、4cmに切ったあさつきを天盛りにする。

牛丼

お馴染みの牛丼も、すき焼き用の
柔らかい牛肉で満足度を高める。
肉汁が溶け込んだ煮汁も
存分に味わってもらう。

材料（1人前）

ご飯…米0.7カップ分
牛肉（すき焼き用）…100g
玉ねぎ…1/4個
長ねぎ…1/4本
糸こんにゃく…40g
生椎茸…1枚
わけぎ…1本
卵黄…1個分
牛丼のタレ
　だし…200㎖
　濃口醤油…50㎖
　みりん…50㎖
　砂糖…大さじ1
一味唐辛子（または粉山椒）…少々

作り方

1 牛肉は食べやすい大きさに切る。
2 玉ねぎは5㎜厚さに切る。長ねぎは斜め切りにし、生椎茸は石づきを除いて小口切りにする。糸こんにゃくは長さを揃えて切り、湯がく。
3 鍋に牛丼のタレの材料を合わせて火にかける。煮立ってきたら1の牛肉と2の野菜を入れ、材料に火が通ったら、斜め切りにしたわけぎを加えて火を止める。
4 器にご飯を盛って3をのせ、真ん中に卵黄を落とし、好みで一味唐辛子か粉山椒をふる。

合鴨丼

旨みがじんわりと広がる
合鴨ロース。風味よく炊き、
シャキシャキの野菜と合わせて。

材料（1人前）

ご飯…0.7カップ分
合鴨ロース肉…1/2枚
合鴨ロース煮汁
- 酒…300㎖
- 濃口醤油…80㎖
- たまり醤油…20㎖
- ケチャップ…100㎖
- ウスターソース…50㎖
- みりん…100㎖
- 砂糖…大さじ1/2
- ローリエ…1枚

筍（茹でたもの）…30g
ピーマン…1個
生椎茸…1枚
玉ねぎ…1/4個
粉山椒…少々
丼タレ（作りやすい分量）
- 濃口醤油…100㎖
- たまり醤油…100㎖
- 酒…100㎖
- みりん…100㎖
- 砂糖…90g

覚え書き

❖ 丼タレは調味料を合わせて2割煮詰めて使用。

作り方

1 合鴨ロース肉はそうじをして皮目に串を打ち、熱したフライパンで、まず皮目側がきつね色になるまで焼いたら、裏返して上身も軽く焼いて、油抜きをする。

2 鍋に合鴨ロース煮汁の調味料を合わせて火にかけ、煮立ったら**1**の合鴨ロース肉を加えて10分炊いて合鴨を取り出す。残った煮汁を少し煮詰めてから合鴨を鍋に戻し入れ、さらに5分炊いて火を止める。

3 筍は薄切りにし、ピーマンは短冊切りにする。生椎茸は石づきを取って小口切りにし、玉ねぎは1㎝厚さに切る。

4 フライパンを熱してサラダ油をしき、**3**の野菜を炒めて丼タレ50㎖をかけ、手早くからめる。

5 器にご飯を盛って**4**を広げのせ、**2**の合鴨ロース肉を薄切りにしてのせる。粉山椒をふる。

鮑ピラフ ホワイトソース焼き

まろやかなホワイトソースを
アワビの歯応えも魅力のピラフにかけて。

材　料（1人前）

ご飯…米1/2カップ分
アワビ（上身）…60g
車エビ（40g）…1尾
マッシュルーム…3個
黒くわい（水煮）…3個
玉ねぎみじん切り…1/4個分
モッツァレラチーズ…20g
パン粉…少々
オリーブオイル…少々
パセリ…少々
ホワイトソース※
　小麦粉…30g
　バター…30g
　牛乳…220mℓ
　白ワイン…30mℓ
　塩、胡椒…各少々

作り方

1 アワビの上身は小さめの薄切りにする。
2 車エビは背ワタを取って霜を降り、頭と尾を取って殻をむき、1cm長さに切る。
3 マッシュルームは小口切りにし、黒くわいは小さめの角切りにする。
4 モッツァレラチーズは5mm角に切る。
5 フライパンを熱してサラダ油を敷き、みじん切りの玉ねぎを炒め、1〜3とご飯を加えて炒め合わせ、塩、胡椒で味を調える。
6 耐熱の器に5のピラフを盛り、ホワイトソースにモッツァレラチーズを加えてかけ、オリーブオイルをなじませたパン粉、みじん切りのパセリをふり、180℃に熱したオーブンに入れて7〜8分焼く。

覚え書き

❖ホワイトソースは、鍋にバターを溶かして小麦粉をなめらかに炒める。温めた牛乳を少しずつ加えながらのばして白ワインを加え、塩、胡椒で味を調える。

カツ飯丼

濃厚なデミグラスソースを
牛カツにかけた、
洋風仕立てのご飯料理。
添えの野菜もひと手間かけて、
カレー風味に。

材　料（1人前）

ご飯…米0.7カップ分
牛ロース肉…100g
小麦粉…少々
溶き卵…少々
パン粉…少々
キャベツ…50g
赤・黄ピーマン…各1/4個
カレー粉…小さじ1
デミグラスソース
　デミグラスソース（缶詰）…100mℓ
　ホールトマト（缶詰）…50mℓ
　ウスターソース…大さじ1
　ケチャップ…30mℓ
　塩、胡椒…各少々
　ローリエ…1枚
　赤ワイン…30mℓ
パセリ（みじん切り）…少々

作り方

1 牛ロース肉はスジ切りして薄くたたきのばし、塩、胡椒をする。小麦粉をまぶし、溶き卵にくぐらせてパン粉をつけ、180℃の油で2～3分揚げて、食べよい大きさに切る。
2 キャベツは3cmの角切りにする。赤、黄ピーマンはそれぞれ短冊切りにする。
3 鍋に湯を沸かし、塩、カレー粉少々を入れ、**2**を湯がいてザルにあげる。
4 デミグラスソースを作る。鍋に調味料を入れ、10分ほど弱火で煮詰める。
5 器にご飯を盛り、**3**の野菜、**1**の牛カツの順にのせ、デミグラスソースをかけてパセリをふる。

玉子炒飯 フカヒレあんかけ

パラリと作った炒飯はシンプルに。
味わい豊かなフカヒレあんで、
ご馳走感をぐっと高める。

材　料（1人前）

ご飯…米1カップ分
車エビ（30ｇ）…2尾
グリンピース…20ｇ
卵…2個
サラダ油…大さじ2
炒飯の調味料
酒…大さじ1
濃口醤油…小さじ1
塩、胡椒…各少々
フカヒレ…2枚
鶏スープ（戻し用）…適量
土生姜…50ｇ
長ねぎ…1/4本
フカヒレあん
鶏スープ…200mℓ
淡口醤油…10mℓ
オイスターソース…10mℓ
みりん…15mℓ
塩…少々
紹興酒…大さじ1/2
水溶き片栗粉…適量

作り方

1 フカヒレはボウルに入れ、鶏スープ、土生姜、長ねぎを加えて蒸して戻す。
2 車エビは、頭と尾を取って殻をむき、1cmの大きさに切る。
3 グリンピースは塩茹でする。
4 ボウルに卵を割りほぐし、ご飯を入れて混ぜ合わせる。
5 フライパンを熱してサラダ油をしき、**4**を入れて炒め、車エビ、グリンピースを加えて強火で2分炒め、調味料で味を調えてパラパラになるように炒めあげる。
6 フカヒレあんを作る。鍋に鶏スープと**1**のフカヒレを入れて火にかけ、調味料で味を調えたら、水溶き片栗粉でとろみをつける。
7 器に**5**の玉子炒飯を盛り、熱々のフカヒレあんをかける。

ねぎ焼飯

オイスターソースとXO醤を隠し味に、
ねぎの香りと風味を生かした炒めご飯。

材　料（1人前）

米…1カップ
長ねぎ…1本
チャーシュー…50g
桜エビ…30g
茹で筍…30g
干し椎茸（戻したもの）…1枚
卵…2個
サラダ油…大さじ2
調味料
- 酒…大さじ1
- 濃口醤油…小さじ1
- オイスターソース…小さじ1
- XO醤…小さじ1
- 塩、胡椒…各少々
- うま味調味料…少々

作り方

1 米はやや少なめの水加減で炊く。
2 長ねぎは小口切りにする。
3 チャーシューと茹で筍は、それぞれ小さく角切りにする。干し椎茸は戻し、水気をきって小さく角切りにする。
4 フライパンを熱してサラダ油をしき、卵を溶き入れて手早く炒めたら、3の材料と桜エビを加えて軽く炒め、温かいご飯を加えてさらに強火で手早く炒めていく。長ねぎを混ぜ合わせ、調味料を加えて全体に炒め合わせ、味を調える。

覚え書き

❖ご飯は温かいものを使うようにする。
❖長ねぎは、香りを活かしたいので水にさらさないこと。

飯蒸し

会席料理のコースの中では〝お凌《しの》ぎ〟としてほんの少量を出すことがほとんどで、もち米を蒸した〝白蒸し〟か小豆を加えた〝赤飯〟をベースに季節の風味や彩りを配することが多い。

ちょっと贅沢な素材や珍しいものを取り合わせるとよく、印象に残る仕立てとなり、献立にめりはりも生まれやすい。

酒と塩で風味よく蒸しあげる

1 蒸す

もち米は洗ってひと晩水に漬けておく。これを蒸気の上がった蒸し器に入れて、まず強火で10分蒸していく。

2 酒と塩を混ぜる

一度取り出し、塩と酒を吸わせる。もち米1カップに対し、酒1/2カップ、塩小さじ1/2の割合で加える。

3 再び蒸す

酒と塩を吸わせたもち米を蒸し器に戻し、再び強い蒸気にかけて蒸しあげる。10分ほどで出来上がる。

4 蒸しあがり

艶やかな仕上がり。蒸す途中で酒と塩を合わせることにより、香りよく上品な味わいに仕上がっている。

大葉ちりめん飯蒸し

甘辛く炊いたチリメンジャコに大葉の取り合わせ。
すっきりと、飽きのこない美味しさで重宝する。

材料（3人前）

飯蒸し
- もち米…1カップ
- 酒…1/2カップ
- 塩…小さじ1/2

大葉…15枚
チリメンジャコ…30g
酒、濃口醤油、みりん…各少々
しば漬け…10g
花穂じそ…3本

作り方

1 飯蒸しを作る。もち米は洗ってひと晩水につけてザルにあげ、さらしを敷いた穴あきバットに広げ、蒸し器に入れて強火で10分蒸す。ボウルに酒と塩を合わせ入れ、蒸したもち米を加えて手早く混ぜ、もう一度バットに戻し入れ、強火でさらに10分蒸す。

2 大葉は軸を切って細切りにし、水にさらして水気をきり、細くきざむ。

3 チリメンは細かいものを選び、湯がいてから鍋に入れ、酒、濃口醤油、みりん少々を加えて、強火で炊きあげる。

4 飯蒸しを3等分して丸める。ガーゼに**2**の大葉と**3**のチリメンジャコをそれぞれ半円形にのせて円形にし、3等分して丸めた飯蒸しを中心に置いて、ガーゼごと絞って形を整える。

5 器に**4**を盛り、細かくきざんだしば漬けを天盛りにして花穂じそをあしらう。

1 チリメンと大葉をそれぞれ半円形に整える。

2 ほどよい大きさに丸めた飯蒸しをのせる。

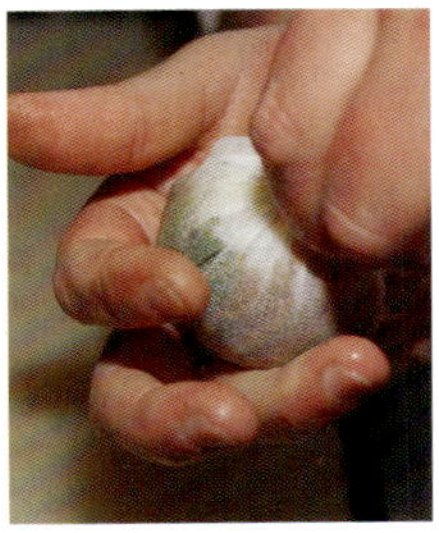

3 ガーゼなどを使い、茶巾の要領で形よく絞る。

白魚桜蒸し

春を告げる魚〝シラウオ〟をほんのり桜色に染めたおこわで包み塩漬けの桜葉で風味よく。繊細な趣きで女性客に好評。

材料（3人前）

飯蒸し
- もち米…1カップ
- 食紅…少々
- 酒…1/2カップ
- 塩…小さじ1/2

シラウオ…30尾
玉酒…適量
桜葉の塩漬け…6枚
花びら百合根（26頁参照）…6枚

作り方

1 飯蒸しを作る。もち米は洗い、食紅少々を入れた水にひと晩漬ける。
2 1の米をザルにあげ、さらしを敷いた穴あきバットに入れ、蒸気の上がった蒸し器で強火で10分蒸す。ボウルに酒と塩を合わせ、蒸したもち米を加えて手早く混ぜ、もう一度バットに入れて、強火でさらに10分蒸す。
3 シラウオは玉酒に1時間漬け、玉酒より取り出して強火で3〜4分蒸す。
4 巻きすにラップを敷き、飯蒸しを6等分して小判形に整えて縦長におき、中心に頭を揃えてシラウオをのせて手前から巻き込み、桜葉で包む。
5 器に盛り、花びら百合根を散らす。

覚え書き

❖玉酒は魚の下洗いなどに使って臭みをぬくなど、下ごしらえに使うことが多い。用途によって酒と水の割合は変わるが、ここでは水1カップに、酒1カップ、塩小さじ2を合わせたものを使っている。

牡蠣の飯蒸し

柚子の風味をきかせて幽庵焼きにした
カキに口当たりよくオクラを添えて。
秋らしい雰囲気の飯蒸し。

材料（1人前）

飯蒸し（93頁参照）…150g
生ガキ…50g
大根おろし…100g
カキ柚庵地（作りやすい分量）
　だし…100㎖
　濃口醤油…100㎖
　酒…100㎖
　みりん…100㎖
　切り柚子…2枚
オクラとろろ（70頁参照）
　…オクラ3本分

作り方

1 生ガキは大根おろしで洗い、汁気をきって幽庵地に1時間漬けてから焼く。冷めたら、飾り用に一つ取って、残りは小さく切る。

2 蒸しあがった飯蒸しに小さく切ったカキを混ぜ合わせ、丸めて器に盛り、オクラとろろを飯蒸しの半分にかけ、天に**1**のカキの幽庵焼きを盛る。

蛤飯蒸し

おこわにもハマグリのだしを吸わせた
旨みたっぷりのひと品。
ちょっと贅沢にカラスミを添え、
熊笹と殻を使って洒落た盛りつけに。

材料（3人前）

もち米…1カップ
ハマグリ…3個
昆布…5cm角
水…2カップ
カラスミ…3枚
オクラ…3本

作り方

1 鍋にハマグリを入れ、水2カップと昆布を加えて火にかけ、口が開いたら火を止めてそのまま冷ます。むき身は取り出して細切りにし、スープは漉す。

2 もち米は洗ってから、**1**のハマグリのスープ半量にひと晩漬ける。さらしを敷いた穴あきバットにもち米をのせ、強火で10分蒸したら、ボウルに残りのハマグリのスープを入れてもち米を加え混ぜ、バットに戻して再び蒸し器に入れ、強火で10分蒸す。蒸し上がりに**1**のハマグリの身を混ぜ合わせ、丸くにぎって形を整える。

3 オクラはそうじして塩みがきし、湯がいて冷水に取る。縦半分に切って種を取り、包丁でねばりが出るまで叩く。

4 カラスミは薄切りにして、さっとあぶる。

5 器に熊笹を敷き、ハマグリの殻をのせて2の飯蒸しを盛り、オクラ、カラスミを天盛りにする。

すっぽん飯蒸し玉〆

贅沢にスッポンを使って茶碗蒸しの仕立てに。
口当たりがよく食べなれない方にも喜ばれる。

材料（4人前）

飯蒸し（93頁参照）…150g
スッポンスープ（作りやすい分量）
―スッポン…1kg
水…8カップ
酒…8カップ
昆布…40g
―スッポン玉汁（作りやすい分量）
スッポンスープ…800mℓ
卵…200mℓ　塩…小さじ1
淡口醤油…小さじ1
酒…大さじ1
みりん…小さじ1/4
―銀あん
（100頁「鰻赤飯蒸し玉〆」参照）
…50mℓ
おろし生姜…少々
芽ねぎ…少々

作り方

1 スッポンスープを作る。スッポンはさばいて上身にし、熱湯で霜降りにして冷水にとって薄皮をむく。鍋に昆布をしいてスッポンを入れ、分量の水と酒を入れて火にかけ、アクを取りながら1/3量になるまで煮詰める。

2 **1**のスッポンの上身とエンペラを適当な大きさに切り、蒸し上げた飯蒸しと混ぜ合わせて丸くにぎり、器に入れる。スッポン玉汁の材料を合わせてザル漉しして注ぎ、1人前100mℓ分を中火で8分ほど蒸す。

3 **2**に銀あんにおろし生姜を加えた熱々のあんを張り、芽ねぎを天に盛る。

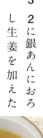

きのこと木の実の飯蒸し

むかご、銀杏、栗、舞茸と秋の実りを取り合わせ、しみじみとした雰囲気に。カラスミをふって味わい深く。

材料（作りやすい分量）

もち米…5カップ
合わせだし
だし…200㎖
淡口醤油…40㎖
みりん…20㎖
塩…少々
酒…40㎖
舞茸…30g
栗…2個
むかご…80g
銀杏…100g
カラスミ…50g

作り方

1 もち米は一晩水につけて、ザルにあげる。さらしを敷いた穴あきバットに広げ、強火で10分蒸したらボウルにあけ、合わせだしとよく混ぜる。ほぐして酒炒りした舞茸、湯がいた栗（101頁「雑穀の飯蒸し」参照）、湯がいたむかごと銀杏を加え混ぜ、さらに10分蒸して仕上げる。

2 器に飯蒸しを盛り、すりおろしたカラスミをふる。

渡り蟹羽二重蒸し

カニのほぐし身を混ぜた飯蒸しにとろっとなめらかなごま豆腐をかけて面白みのある食感、味わいに。和菓子のような形も喜ばれる。

材料（1人前）

飯蒸し（93頁参照）…150g
ワタリガニ（さばき身）…40g
生ウニ…20g
ごま豆腐（作りやすい分量）
昆布だし…1000㎖
牛乳…1000㎖
吉野葛…200㎖
練りごま…大さじ1
塩…少々　酒…200㎖

作り方

1 蒸し上げた飯蒸しにワタリガニのさばき身を混ぜ合わせて、丸くにぎる。

2 1の飯蒸しを器に盛り、練りたてのごま豆腐を上からまわしかけ、天に生ウニを盛る。

覚え書き

❖ごま豆腐は、大きめの鍋に昆布だし、牛乳、酒、吉野葛を合わせ入れて弱火で30分練り、練りごまを加え、塩少々で味を調えたもの。

松葉蟹羽二重蒸し

鰻赤飯蒸し玉〆

タレ焼きのウナギをのせた赤飯に玉汁をかけてふんわり蒸し、銀あんで口当たりよく仕上げた。ご馳走感あふれるひと品。

材料(3人前)

ウナギのタレ焼き…1本
赤飯(102頁参照)…400g
玉汁
　だし…400mℓ
　塩…小さじ1/2
　みりん…小さじ1/4
　淡口醤油…小さじ1/4
　卵…2個
銀あん(作りやすい分量)
　だし…300mℓ
　塩…小さじ1/2
　淡口醤油…小さじ1/3
　酒…小さじ1
　水溶き葛粉…適量
三つ葉…2本
粉山椒…少々

作り方

1 ウナギはタレ焼きにしたものを用意し、1本を3等分する。
2 赤飯を3等分してにぎり、器に盛って1のウナギをそれぞれにのせる。
3 玉汁のだしと調味料を合わせて溶き卵を混ぜ合わせ、ザル漉しして2にそれぞれ張り、蒸し器に入れて中火で12分蒸す。
4 鍋にだし、塩、淡口醤油、酒を入れて火にかけ、煮立ってきたら水溶き葛粉でとろみをつける。
5 3の赤飯に4の銀あんを1人前につき50mℓかけ、湯がいた軸三つ葉のみじん切りを天盛りにする。好みで粉山椒をふる。

雑穀の飯蒸し

あわ、きびなどの雑穀や黒米、赤米といった古代米などを混ぜるだけでも目先が変わり、素朴な美味しさが味わえる。

材料

雑穀米…0.1カップ
もち米…1/2カップ
酒…50㎖
塩…ひとつまみ
栗…2個
銀杏…3個
くちなしの実…1個

作り方

1 もち米は雑穀米と合わせて、ひと晩水に漬ける。

2 栗は皮をむいて4つ切りにし、くちなしの実を割り入れて固如でにする。

3 銀杏は殻をむいて米のとぎ汁で湯がき、小口切りにする。

4 1をさらしを敷いた穴あきバットに敷き、10分強火で蒸す。ボウルに酒と塩を入れて、蒸したもち米と雑穀米を加えて全体に混ぜたら、バットに戻して栗、銀杏を加え、さらに10分強火で蒸し上げる。

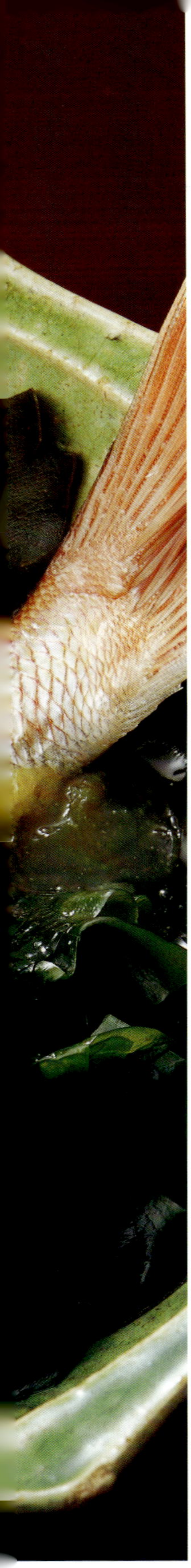

鯛赤飯蒸し

春のお祝いごとに喜ばれる仕立て。タイの腹に赤飯を詰めて蒸し、ほろ苦みのある〝ふきあん〟で全体の味をまとめる。

材料（3人前）

赤飯
- もち米…1カップ
- 小豆…1/2カップ

タイ（700g）…1尾
昆布…30g
ワカメ（戻したもの）…100g
ふきあん
- ふき…2本
- だし…300mℓ
- 塩…小さじ1/2
- 淡口醤油…小さじ1/3
- 酒…小さじ1
- 水溶き葛粉…適量

木の芽…10枚

作り方

1 赤飯を作る。小豆は水にひと晩漬けておく。小豆に水を加えて火にかけ、煮立ったら湯を捨て、もう一度水を加えて火にかける、煮立ってきたら弱火にして4〜5分煮て火を止めてそのまま冷まし、小豆をザルにあげる。煮汁は別にとっておく。

2 もち米は**1**の小豆の煮汁にひと晩つける。もち米と**1**の小豆を混ぜ、さらしをしいたバットにのせ、強火で10分蒸したらいったん取り出し、2%の塩水300mℓ程度をかけ、さらに10分強火で蒸す。

3 タイは水洗いしてウロコを取り、腹開きにして中骨と腹骨を抜く、薄塩をあてて1時間おいてから酒をふり、腹に**2**の赤飯を詰めて形を整える。

4 器に昆布を敷いて**3**のタイを盛り、ワカメを添えて強火で15分ほど蒸す。

5 ふきあんを作る。ふきは塩で板ずりして湯がき、冷水に取って皮をむき、小口切りにする。鍋にだし、塩、淡口醤油、酒を合わせて火にかけ、煮立ったら水溶き葛粉でとろみをつけ、小口に切ったふきを加える。

6 熱々の**5**のあんを**4**のタイにかけて木の芽をあしらう。

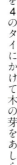

烏賊飯 とも肝あん

もっちりした食感のもち米に
イカの旨みが染み込んで
満足感が高い一品に。
イカワタを使ったあんをかけて
いっそう味わい深く仕上げる。

材料（3人前）

もち米…1カップ
スルメイカ…3バイ
銀杏…10個
黒くわい（水煮）…5個
人参…30g
味付け椎茸（109頁参照）…3枚

イカ飯の煮汁
（作りやすい分量）
だし…1000㎖
酒…100㎖
濃口醤油…100㎖
みりん…100㎖

とも肝あん
イカ飯の煮汁…300㎖
イカワタ（裏漉したもの）…3本分
水溶き葛粉…30㎖

作り方

1 もち米はひと晩水に漬けておく。
2 スルメイカはワタと軟骨を抜いて水洗いする。
3 銀杏は薄皮をむいて輪切りにし、くわいは4つに切る。人参は皮をむいて小さな角切りにし、それぞれをさっと湯がいておく。味付け椎茸も小さな角切りにする。
4 もち米はザルにあげて3を加え混ぜ、2のイカの胴に七分目くらい詰め入れて口を楊枝で止める。
5 鍋にイカ飯の煮汁を合わせて4を入れ、落とし蓋をして弱火で約40分炊いてザルにあげ、冷ましておく。
6 とも肝あんを作る。鍋に5の煮汁と裏漉したイカのワタを裏漉して混ぜ合わせ、ひと煮立ちしたら水溶き葛粉でとろみをつける。
7 イカ飯を食べやすい大きさに切って器に盛り、6のとも肝あんをかけて供する。

すし

〝すし〟は、ご飯料理のなかでも、特にハレの席に向く料理で、派手やかに作ったちらしずし、新鮮な魚介を使ったにぎりずしと、ご馳走の料理としても欠かせない。

魚介はもとより、山菜や野菜など時季のものを彩りよく使って小ぶりに作れば、食事としてだけでなく、ちょっとした酒の肴としても喜ばれ、工夫次第で魅力が拡がる。

関西ではなじみの〝蒸しずし〟なども、寒い季節にお出しすると温もりを感じていただけ、地域を問わず、取り入れていただきたい。

蛤 山菜ちらし

筍、土筆《つくし》、たらの芽…と、蛤の殻にひと口ずつ盛り込んで、早春のほろ苦い味わいを楽しんでいただく。ハマグリは火を通しすぎずにふっくらと仕上げる。

材料（1人前）

すし飯…米0.7カップ分
　米…5カップ
　酢…100mℓ
　砂糖…70g
　塩…20g
ハマグリ…5個
錦糸卵…卵1個分
つくし…2本
わらび…2本
たらの芽…1本
こごみ…1本
筍…1枚
花びら百合根…2個
そら豆…2個
木の芽…1枚

作り方

1 ハマグリは水に酒少々と昆布を入れて湯がき、口が開いたら火を止め、冷ましてから上身を取り出す。

2 つくしは頭を残し、たらの芽、こごみと共に、塩、炭酸少々を入れた湯にて湯がいて、水にさらし、吸い地八方だしにつけ込む。わらびは木灰をまぶし、湯を張ってひと晩おき、水にさらし、さっと湯をして冷水に取って、吸い地八方だしにつけ込む。筍は吸い地八方だしでさっと炊く。そら豆は薄皮をむいて、塩蒸しにする。

3 ハマグリの殻にすし飯を盛り、それぞれに錦糸卵を敷いて、**1**のハマグリをのせる。手前より天盛りに「わらび、花びら百合根」「筍、木の芽」「一寸豆」「たらの芽、つくし」「こごみ、花びら百合根」を盛りつける。

押しずし

〆サバ、〆ダイ、
アナゴ、車エビ、
四種の押しずしを
盛り合わせに。
かんぴょうや椎茸、
梅肉を挟んで味わいよく。

材料（1人前）

すし飯…米1.5カップ分
〆サバ…40g
アナゴ…40g
味付けかんぴょう…10g
〆タイ…30g
梅肉…少々
木の芽…2枚
車エビ（40g）…1尾
味付け椎茸※…10g
白板昆布…適量
甘酢生姜…20g

覚え書き

❖ 味付けかんぴょうは、かんぴょうを塩もみして湯がき、だし2カップ、砂糖大さじ1.5、塩小さじ1/2、淡口醤油小さじ1の煮汁で炊いたもの。

❖ 味付け椎茸は、戻した干し椎茸の石づきを取って、戻し汁で炊き、砂糖、濃口醤油、みりん、たまり醤油の順に調味したもの。

作り方

1 サバの押しずしを作る。サバは水洗いして3枚におろし、強めに塩をあてて2時間おいて水洗いし、酢で1時間しめる。背と腹側に包丁を入れて2枚にへぎ、押し箱に皮目と上身を半々ずつ敷き、すし飯をのせて押しをかける。サバの上に白板昆布をかけ、食べよい大きさに切り分ける。

2 アナゴの押しずしを作る。アナゴは開いて皮目に霜を降り、ぬめりを取って、甘めの濃口八方だしで30分ほど炊く。これを押し箱に敷き、すし飯を半分入れたら、味付けかんぴょうのみじん切りをのせ、さらにすし飯を入れて押しをかける。**1**と同じ大きさに切って、アナゴに煮詰めをぬる。

3 タイの押しずしを作る。タイは3枚におろし、強塩を1時間あててから水洗いし、酢で30分しめる。皮目に包丁を入れて、おし箱に敷き、アナゴと同じ要領で中に梅肉を入れて押しをかける。タイの上に木の芽をのせて白板昆布をかけ、切り分ける。

4 車エビの押しずしを作る。エビは背ワタを取って、のし串を打って塩茹でする。これを押し箱に敷いたら、中に味付け椎茸のみしん切りを入れて同様に押しをかけ、切り分ける。

5 器に**1**～**4**を形よく盛りつけ、甘酢生姜を添える。

すし飯の作り方

すし飯を作るときは、やや固めに炊いたご飯にすし酢を手早く吸わせる。合わせ酢は、米5カップに対し、酢100㎖、砂糖70g、塩20gの割合で合わせた。

1 ご飯粒がつぶれたり、粘りか出ないように、しゃもじて切るように混ぜていく。

2 ご飯を寄せては、切るという作業を繰り返し、全体に酢を吸わせる。

鯖棒ずし

秋から冬にかけての脂がのったサバで作ると格別のおいしさ。ここではすし飯に刻んだ大葉と炒りごまを混ぜ込んで、さらに香りよく、味わい豊かに仕立てて魅力を高めている。サバは強塩にあててから酢じめにするが、このとき酢に砂糖を少々加えるとよく、まろやかな味わいになる。

材　料（2人前）

米…2カップ
サバ…1尾
白板昆布…2枚
炒りごま…小さじ1
大葉…4枚
甘酢生姜※…10g

すし酢
酢…40mℓ
砂糖…30g
塩…10g

覚え書き

❖甘酢生姜の作り方／新生姜は皮をむいて、包丁で薄くへぎ、熱湯に通してザルにあげて冷ます。甘酢は水2カップ、酢1カップ、砂糖100g、塩10gを合わせて火にかけ、砂糖と塩が溶けたら火を止めて冷ます。生姜が冷めたら適量の甘酢に漬ける。2～3時間で食べ頃となり、3～4日は保存できる。

❖白板昆布は甘酢（右記参照）で炊いてもよい。

作り方

1 米はかために炊いて、合わせ酢と合わせておく。

2 サバは三枚におろし、腹骨をすき取り、小骨を抜く。強塩をあて、常温に2時間おいて水洗いし、砂糖少々を合わせた酢に1時間ほど漬け込む。

3 **1**のすし飯にきざんで水にさらした大葉、切りごまを加えて、しゃもじで切り混ぜる。

4 サバの薄皮を頭の方からむき、皮目にかくし包丁を入れる。

5 **3**のすし飯は、1本分の量を取り、まず丸い形にまとめる。これをサバの大きさに合わせて棒状にまとめる。

6 布巾に**4**のサバの皮目を下にしてのせ、上に**5**のすし飯をのせて、布巾で包む。これを巻きすでしっかりと巻いて、形を整える。

7 白板昆布をのせて食べよく切り、甘酢生姜を添える。

洋風ちらしずし

すし酢にワインビネガーとオリーブオイルを使った洋風趣向の華やかなひと品。錦糸卵のかわりにパルメザンチーズを使うとより個性的に。

材　料（3人前）

米…3カップ
合わせ酢
　米酢…45mℓ
　白ワインビネガー…15mℓ
　エキストラバージンオリーブオイル…30mℓ
　塩…15g
　砂糖…45g
スモークサーモン…80g
タイ（上身）…60g
車エビ…3尾
アボカド…1/2個
錦糸卵…卵2個分
黒オリーブ…3個
セルフィーユ…2本
ケッパー…小さじ1
エキストラバージンオリーブオイル…30mℓ
岩塩…少々

作り方

1 米は1割増しの水でかために炊き、合わせ酢と合わせてすし飯を作る。

2 タイの上身は皮霜を降り、そぎ身にする。

3 車エビは背ワタを取ってのし串を打ち、塩茹でして冷水に取る。殻をむいて頭と尾を取り、2cm長さに切る。

4 アボカドは半分に切って皮をむき、薄塩をあてて強火で1分蒸して色出しをし、冷ましてからレモン汁をあてて薄いくし形に切る。

5 器に**1**のすし飯を盛り、錦糸卵をしいて、スモークサーモンスライスと**2**～**4**を彩りよく盛り、薄切りにした黒オリーブ、セルフィーユをあしらい、ケッパーを散らす。エキストラバージンオリーブオイルを全体にかけ、岩塩を少々ふりかけて食す。

蒸しずし

せいろに入れて蒸した
関西の温かいすし。
変色しやすい具は蒸し上がりにのせ、
熱々を色よく供す。

材　料（1人前）

すし飯（109頁参照）…適量
車エビ…1尾
アナゴのタレ焼き…適量
スジコ醤油漬け…適量
錦糸卵…適量
木の芽…3枚

作り方

1　米は洗ってザルにあげ、1時間ほどおく。炊飯器に米を入れ、1割増しの水加減でかために炊き上げる。

2　1を飯台にあけ、すし酢をひといきに加えて、ご飯の粒をつぶしたり、練りこまないよう、しゃもじで切るように混ぜ、全体に酢をなじませる。酢がなじんだら飯台に広げて冷まし、少し温かみが残っているうちに、うちわであおぎながら、空気を含ませるように混ぜて冷ます。

3　せいろに2のすし飯を盛り、錦糸卵を敷いてアナゴのタレ焼きをのせ、蓋をして蒸し器で蒸す。

4　車エビは背ワタを取って、のし串を打って塩茹でし、冷水に取って殻をむき、頭を取って身を開く。

5　3に4の車エビとイクラ醤油漬けを盛り、木の芽を天盛りにする。

おにぎり

おにぎり膳

子どもからお年よりまで誰もが親しみを持っている〝おにぎり〟。おいしく炊き上げたご飯をふんわりと握ったおにぎりは、塩むすびであっても懐かしみを感じさせる一品となる。
昼時や酒の前の腹ごしらえなどやや軽めの食事にも最適で、なかの具や回りにまぶす香りのもの、トッピングなどに工夫すると、飽きなく楽しんでいただける。
用途によっては形や大きさにも考慮し、他の料理とのバランスを図ることも大切。

おにぎり膳

5種類のおにぎりとお菜となる小鉢、串もの、香の物を取り揃え、2～3人で取り分けて食べていただく趣向。おにぎりは、ちりめんじゃこ、梅干し、焼きおにぎり、明太子、ごままぶし。それぞれ味付け海苔で巻いたり、とろろ昆布で巻いたり、塩昆布を混ぜたりとひと手かけて味わいよく作っている。お菜は筑前煮、ごま浸し、牛肉の時雨煮、卵の花と、どれも素朴ながらおにぎりを美味しく食べさせるにはうってつけのもの。細巻き卵や蛸やわらか煮は取り分けやすく串に刺し、気取りのない膳に仕立てた。

おにぎり

①ちりめんにぎり

炊きたてのご飯に甘辛く炊いたチリメンジャコ（93頁参照）を混ぜ合わせて三角ににぎり、味付け海苔を巻く。

②とろろにぎり

ご飯に梅干しを入れて俵形ににぎり、とろろ昆布をつけ、にぎって形を整える。

③焼きおにぎり

ご飯を丸く薄いおにぎりにして焼き目をつけ、合わせ醤油（割合：たまり醤油1、濃口醤油1、みりん1/3、酒1/2、一味唐辛子少々）を2～3回つけ焼きにする。

④明太子にぎり

ご飯にほぐした明太子を混ぜて丸くにぎり、茹でた枝豆を天にのせる。

⑤ごまにぎり

ご飯に塩昆布を入れてにぎり、すりごまをまぶして三角に形を整える。

串物

⑥細巻き卵

卵2個に対して、だしを40mℓ加え、淡口醤油少々、塩少々で味を調え、細巻きにして巻きすで丸く巻き、4cm長さに切る。

⑦ずんだ小芋

小芋の皮をむいて米のとぎ汁で湯がいた後、吸地八方だしで含め煮にする。枝豆は塩如でしてから薄皮をむき、すり鉢ですりつぶして淡口醤油、みりん、塩少々で味を調え、小芋全体を包むようにしてつける。

⑧さつま芋レモン煮

157頁「春の点心」参照

⑨蛸柔らか煮

タコは水洗いしてぬめりを取り、足を切り離して霜を降り、だし650mℓ、酒150mℓ、濃口醤油50mℓ、たまり醤油20mℓ、みりん70mℓ、砂糖大さじ1の煮汁で、かぶせ蓋をして弱火で40分煮含める。

小鉢

⑩筑前煮

鶏肉120gは食べやすい大きさに切る、筍80g、人参70g、ごぼう1/2本は、それぞれ乱切りにして下茹でしておく。こんにゃく1/2枚はちぎって湯がく。鍋にサラダ油を熱して鶏肉と具材を炒め、だし200㎖、濃口醤油25㎖、たまり醤油5㎖、みりん35㎖、酒15㎖、砂糖大さじ1.5で調味し、煮汁がなくなるまで煮つめ、最後に半分に切って塩茹でしたいんげんを入れてさっと炊く。

⑪太もやしとほうれん草のごま浸し

太もやし100gは塩茹でしてザルにあげ、水気をきる。ほうれん草1束は軸を切り落とし塩茹でし、水にさらして水気をきって、4cm長さに切り揃える。合わせだし（割合：だし3、濃口醤油1、みりん1）を一度煮立てて冷まし、半量でもやしとほうれん草をだし洗いして汁気をきる。すり鉢に炒りごま大さじ2を入れてよくすり合わせ、残りの合わせだしともやし、ほうれん草を入れて和える。

⑫牛スライス肉の時雨煮

牛肉（すき焼き用）200gは食べやすい大きさに切る、鍋に酒100㎖、濃口醤油50㎖、みりん50㎖、砂糖大さじ2を合わせ入れて煮立て、牛肉をほぐし入れて強火で炊き、煮汁が少なくなってきたら、みじん切りの生姜10gを加えて煮汁がなくなるまで煮る。

⑬卯の花

おから500gは水洗いして水気をきって、すり鉢ですってキメを細かくする。人参50gはせん切りにし、干し椎茸6枚は戻して小口切りにする。鶏肉100gは1cm角に切る。こんにゃく1/2枚はせん切りにして茹でておく。鍋にサラダ油大さじ3を熱して具材を入れてさっと炒め合わせたら、おからを加えて炒め、だし3カップ、淡口醤油60㎖、みりん50㎖、塩小さじ2、砂糖100gを加えて味を調え、しっとりとするまで炊く。仕上げに刻みねぎ3本分を加え混ぜる。

香の物

⑭水茄子の浅漬け

⑮胡瓜浅漬け（蛇腹切り）

三色揚げおにぎり

海苔、粉ガツオ、桜エビをまぶして揚げた、遊び心あふれるおにぎり。カラリとした食感と油のコクが楽しく、トッピングもイクラ、生ウニ、鮑など、彩りのよいものを揃えた。

材料（1人前）

ご飯…米0.8カップ分

明太子の揚げおにぎり
明太子…10g
焼き海苔…1/6枚
生ウニ…20g
花穂じそ…1本

イクラの揚げおにぎり
イクラ…10g
干し桜エビ…20g
蒸しアワビ…1枚
オクラ…1本

梅干しの揚げおにぎり
梅干し…1/2個
粉ガツオ…少々
大葉…1枚
イクラ…適量

卵白…1個分
小麦粉…適量

作り方

1 明太子の揚げおにぎりを作る。明太子を入れておにぎりを俵形ににぎり、海苔を巻いて小麦粉をつけ、180℃の油で揚げる。生ウニを天盛りにし、花穂じそをあしらう。

2 イクラの揚げおにぎりを作る。イクラを入れておにぎりを俵形ににぎり、小麦粉をつけて、卵白にくぐらせ、みじん切りの桜エビをつけて180℃の油でからりと揚げる。蒸しアワビとたたきオクラを天盛りにする。

3 梅干しの揚げおにぎりを作る。梅干しを入れておにぎりを俵形ににぎり、小麦粉をつけて卵白にくぐらせ、粉ガツオをまぶして180℃の油で揚げ、大葉をのせて上にイクラをあしらう。

4 器に1～3を色よく盛りつける。

雑穀飯の味噌むすび

雑穀も一緒に炊き込んだご飯を使い、
しみじみとした風情ある味わいに。
味噌をぬってからカリッとするまで焼き、
芳ばしい香りと味を楽しんでいただく。

材料（1人前）

雑穀米…0.2カップ
米…0.8カップ
しば漬け…20g
合わせ味噌
┌田舎味噌…大さじ2
│炒りごま…大さじ1
└酒…10mℓ

作り方

1　米は洗ってザルにあげ、雑穀米と合わせて炊く。薄めの丸形ににぎり、天火でカリッとするまで焼いた後、合わせ味噌をぬり、焦げ目がつくまで焼く。器に盛り、しば漬けを添える。

覚え書き

❖ここで使った雑穀は発芽玄米、黒米、赤米、おし麦、ひえ、あわ、きびなどを合わせたもの。これらを好みで組み合わせて使うとよい。

ライスカナッペ

おこげのパリパリとした食感を活かし、カナッペの土台にすると面白みのある前菜やオードブルを作り出せる。ここでは市販のおこげを使い、青海苔や黒ごまをまぶしたり、卵黄やバターをぬったりと、風味やコクをプラス。手持ちの材料や端身も活用し、彩りよく仕上げている。

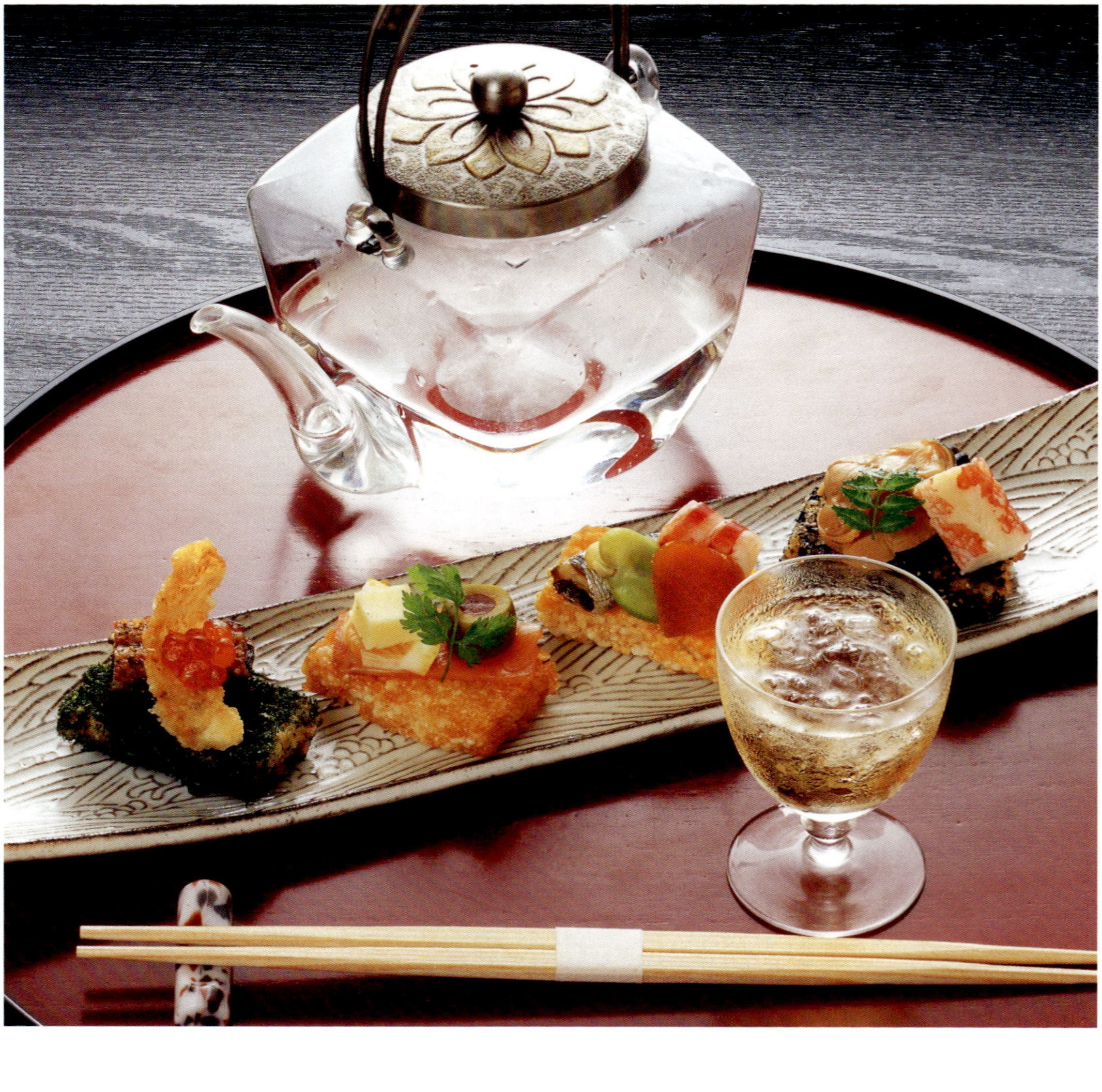

鰻蒲焼き、鯛煎餅、イクラ

青海苔をまぶして揚げた磯風味のおこげに、ウナギ、タイ、イクラと魚介をトッピング。タイは端身を使ってもよく、薄くのばして煎餅にする。

[作り方] おこげ（市販品）に卵白をつけて青海苔をまぶし、180℃の油でカラッと揚げ、鰻の蒲焼き、鯛煎餅をのせ、イクラを天盛りにする。鯛煎餅は、タイの上身に片栗粉をまぶしてラップに挟み、すりこぎで薄くたたきのばし、170℃の油でパリパリになるまで揚げたもの。

蛤、蟹肉、木の芽

おこげは黒ごまをまぶして揚げ、より芳ばしく。ぷっくりと炊いたハマグリとカニ肉の優しい味わいを引き立てる。木の芽の香りを添えて。

[作り方] おこげは卵白をぬって黒ごまをまぶし、180℃の油でカラッと揚げる。ハマグリのむき身は、煮汁（割合：水100㎖、酒50㎖、濃口醤油20㎖、みりん20㎖）を煮立てた中に入れてさっと炊く。ライスカナッペにハマグリ、カニ肉をのせ、木の芽をあしらう。

ソフトサーモン、オリーブ、チーズ、セルフィーユ

洋の素材を取り揃えたライスカナッペ。おこげは油で揚げたあとバター醤油をじゅっとぬる。バターの風味がソフトサーモンによくマッチする。

[作り方] おこげを180℃の油で揚げてバター醤油をぬり、ソフトサーモン、オリーブ、プロセスチーズをのせ、セルフィーユをあしらう。

オイルサーディン、車海老、唐墨、そら豆

揚げたおこげを黄身焼きにし、卵黄のまろやかなコクと色味を加味。オイルサーディンにカラスミの塩気とそら豆の風味をアクセントにする。

[作り方] おこげは180℃の油で揚げ、卵黄を2〜3度ぬってろう焼きにし、オイルサーディン、塩如でした車エビ、カラスミ、如でたそら豆をのせる。

変わり巻きご飯

手軽につまめる巻きご飯を多数揃えて大皿に盛り込み、宴席やパーティ向きのひと鉢に。

すし飯を使ってもよいが、ここではよりシンプルに料理との相性のよいご飯を使い、天ぷらやトンカツ、づけマグロ、卵焼きを巻き込んだ。

巻く材料も海苔にこだわらず、高菜やとろろ昆布、切りごまを使って味わいに変化をつける。

厚焼き卵巻き

厚焼き卵と沢庵の食味の違いが楽しい。高菜で巻いてさっぱりと。

[作り方]卵を割りほぐして塩、淡口醤油で味を調えて、厚焼き卵を焼いて細長く切る。沢庵も細長く切る。高菜漬けを広げおいてご飯をのせ、醤油をあてたカツオ節、厚焼き卵、沢庵を芯にして巻く。

穴子天ぷら巻き

柚子胡椒が利いただしに穴子の天ぷらをくぐらせて巻く。油のコクも魅力。

[作り方]アナゴは開いて背ビレ、ぬめりを取り、天ぷら衣をつけて180℃の油でからりと揚げる、合わせだし（割合：だし3、濃口醤油1、みりん1）を煮立てて柚子胡椒をふり入れて、アナゴの天ぷらを手早くくぐらせる。焼き海苔にご飯を広げて天ぷらを芯にして巻く。

トンカツ巻き

ソースをぬったトンカツがご飯となじみ、ボリュームもうれしい巻きもの。

[作り方]豚ロース肉はスジを取って塩、胡椒をふり、小麦粉、卵白、パン粉の順にまぶしつけて175℃の油でじっくりと揚げ、長方形に切る。溶き辛子を加えたトンカツソースをトンカツにぬり、磯の雪にご飯を広げ、トンカツを芯にして巻く。

づけ鮪、アボカド巻き

マグロ、アボカド、マヨネーズを巻いたサラダ風。ごまをたっぷりまぶす。

[作り方]マグロは赤身を用意し、漬け汁（割合：濃口醤油1、煮きり酒1、煮きりみりん1/2）に15分漬ける。アボカドは縦に包丁を入れて半分にして種を取り、皮をのぞいて細切りにし、薄塩をあてて1分蒸して色出しする。焼き海苔でづけマグロ、アボカド、マヨネーズを芯にして巻き、これを巻きすの上にラップを敷いて広げたご飯でさらに巻いて、まわりにすりごまをつける。

創作ご飯料理

鰻飯蒸しだし巻き

「う巻き」をご飯料理にアレンジ。もち米に地焼きのウナギとタレを混ぜ合わせ、だし巻き卵で巻く。お凌《しの》ぎや酒の肴として喜ばれる一品。

材　料（作りやすい分量）

鰻飯蒸し（作りやすい分量）
- もち米…3合
- 酒…60mℓ
- ウナギダレ…50mℓ
- ウナギタレ焼き…240g

粉山椒…少々
だし巻き卵の地※…300mℓ
奈良漬け…適量

作り方

1　「鰻飯蒸し」を作る。もち米を洗い、一晩浸水してザルにあげる。蒸し器にさらしをしいた穴あきバットにもち米を広げ入れ、蒸気の上がった蒸し器に入れ、強火で20分蒸す。

2　ボウルに酒を入れ、**1**のもち米を入れて手早く混ぜたら、バットにのせて蒸し器に戻して再度、強火で15分蒸す。

3　ボウルに焼きたてのウナギタレ焼き60gとウナギダレ12mℓ程度を入れ、**2**を150g加えて混ぜ、好みで粉山椒をふる。

4　卵焼き器を火にかけてサラダ油をしき、だし巻き卵の地を流し入れ、**3**を棒状に整えて巻き込む。熱いうちに巻きすにとって巻いて形を整え、食べやすい幅に切り分けて器に盛り、奈良漬けを添える。

覚え書き

❖「ウナギダレ」は、鍋に濃口醤油・たまり醤油・酒・みりん各300mℓ、氷砂糖160g、香ばしく焼いたウナギの中骨200gを弱火にかけて二割程度に詰めてこす。

❖だし巻き卵の地は、卵3個に対して、だし50mℓ、淡口醤油少々、塩少々の割合で合わせたもの。

鯛の麦とろ

とろろ汁＋タイのごま醤油漬け。
この濃厚なおいしさが食欲を誘う。
青のりが彩りと味のアクセントに。

材料（1人前）

タイ（上身）…80g
麦飯…150g
ごま醤油（作りやすい分量）
濃口醤油…100mℓ
酒（煮きったもの）…100mℓ
煎りごま…大さじ3
練りごま…大さじ1/2

とろろ汁（作りやすい分量）
つくね芋…200g
だし…80mℓ
卵黄…1個分
塩…少々
淡口醤油…少々

青海苔…少々

作り方

1 タイの上身は、そぎ切りにして、ごま醤油にさっとくぐらせる。

2 麦飯はうるち米1.5合と押し麦0.5合を一緒に洗い、30分浸水してから普通の水加減で炊く。

3 とろろ汁を作る。つくね芋の皮をむき、みょうばん水に30分つけて水洗いする。すり鉢のへりでつくね芋をこすり、とろろを作る。このとき、すりこ木でこすりながら、だしを少しずつ加える。

4 卵黄を加えて混ぜ、塩、淡口醤油で味を調える。

5 器に**2**の麦飯150gを盛り、**4**のとろろ汁150mℓをかける。**1**のタイをのせ、青海苔をふる。

おこげのカナッペ三種

食パンやクラッカー代わりに、
ご飯を薄くのばしオーブンで焼いて揚げた〝おこげ〟を。
上にサーモン、イワシ、マグロなど好みの魚介類をトッピング。

材　料（1人前）

おこげ…3枚
オイルサーディン…2尾
明太子…40g
マヨネーズ…大さじ1
黒オリーブ…少々
レッドオニオン（スライス）…少々
ソフトサーモン…20g
黄味酢…少々
イクラ…少々
漬けマグロ…30g
アボカド…1/8個
おろしわさび…少々
セルフィーユ…少々

覚え書き

❖おこげは、流し缶にラップをしいて、炊きたてのご飯を7㎜厚さになるようしき詰めたら上からラップを広げのせ、流し缶の中ぶたなどで軽く押してラップごと取り出す。食べやすい大きさ（3.5×5㎝）に一文字で軽く切り目を入れて、250℃のオーブンで20分焼く。冷めてから手で割る。

❖づけマグロは、マグロをおこげの長さに合わせて切り、漬け地（濃口醤油50㎖、煮きり酒50㎖、煮きりみりん20㎖）に10分ほど漬け込んだもの。

作り方

1 おこげを190℃の油でさっと揚げる。

2 おこげに明太子とマヨネーズを合わせてぬり、イワシのオイルサーディンを並べ、黒オリーブ、セルフィーユを飾る。

3 おこげにレッドオニオンのスライス、ソフトサーモンの順にのせ、黄身酢をかけ、イクラを盛り、セルフィーユを飾る。

4 おこげにアボカドを並べおいてマヨネーズをかける。づけマグロをのせ、わさびを添える。

おこげの蟹あんかけ

中華料理のおこげを、
だしを使って和風仕立てに。
カニを入れた熱々のあんを客前でかける。
ジュッというシズル感が話題を呼ぶ。

材　料（5人前）

おこげ（129頁）…5枚
ズワイガニ脚肉…5本
椎茸…1枚
青ねぎ…1/3本
白キクラゲ…20g
人参…20g
三つ葉…1/4束

カニあん
だし…300㎖
濃口醤油…18㎖
みりん…20㎖
オイスターソース…5㎖
水溶き葛粉…20㎖

作り方

1 おこげは190℃の油でさっと揚げる。

2 ズワイガニ脚肉はほぐしておく。椎茸は石突きをとってスライスする。青ねぎは斜め切りに、人参は細切りにする。白キクラゲは水で戻して食べやすい大きさに切る。三つ葉は2㎝長さに切る。

3 鍋を熱して、ごま油、サラダ油少々を熱し、椎茸、青ねぎ、人参をさっと炒める。カニあんの調味料を加えたら、白キクラゲを加える。ひと煮立ちしたら、カニ脚肉、三つ葉を加えて水溶き葛粉でとろみをつける。

4 揚げたてのおこげに**3**のカニあんをまわしかける。

焼きかます蕪巻きずし

郷土料理として人気の「蕪《かぶら》ずし」のブリをカマスの柚庵焼きに変えてすしダネに。すし飯にのせ、甘酢に漬けたかぶで巻いて三つ葉で結ぶ。

材 料（1人前）

すし飯※…60ｇ
かぶの千枚漬け※…1枚
カマス（上身）…1/4尾分
三つ葉…1本
実山椒…少々
柚子の皮…少々
カマス柚庵地（作りやすい分量）
　濃口醤油…100㎖
　みりん…100㎖
　酒…100㎖
　だし…100㎖
　柚子の輪切り…2枚

作り方

1 カマスは上身にしたものを用意し、柚庵地適量に1時間漬けた後、皮目に細かく隠し包丁を入れ、天火で焼き上げる。

2 かぶの千枚漬けに、すし飯を細長くまとめてのせ、実山椒少々を並べて、1のカマスをのせてくるりと巻いて、さっと湯がいた三つ葉で結ぶ。食べやすく半分に切り分け、柚子皮をあしらう。

覚え書き

❖かぶの千枚漬けは、大きめのかぶを厚めに皮をむいて2㎜厚さにスライスし、立て塩に30分漬けてから水洗いして、昆布、赤唐辛子（鷹の爪）を加えた甘酢に漬け込む。

❖すし飯は、米3合をやや少なめの水加減で炊く。穀物酢55㎖、砂糖50ｇ、塩14ｇを合わせて、炊きあがったご飯と合わせる。

甘鯛赤飯焼き

タイと赤飯の組み合わせが、
お祝い事に最適のご飯料理。
赤飯を甘ダイで包んで焼き、
朴葉の香りが独特の風味をつくる。

材　料（1人前）

アマダイ（上身）…120g
カラスミ…20g
大根…20g
熊笹…1枚
朴葉…1枚

赤飯（作りやすい分量）
もち米…3合
小豆…0.7合
塩水（2％）…約5カップ

作り方

1 アマダイは上身にしたものを用意して、薄塩を当てて1時間ほどおいてから、さっと水洗いして水気をふきとる。

2 赤飯を作る。もち米を洗って一晩水に漬ける。小豆も一晩水に漬け、鍋に水と共に入れて火にかけ、ひと煮立ちしたら水をかえて茹でる。これを冷ましてから、小豆と煮汁に分ける。

3 小豆の煮汁にもち米を2～3時間漬ける。

4 穴あきバットに布巾をしいて。**3**のもち米と**2**の小豆を広げ入れ、強火の蒸し器で約20分蒸す。

5 蒸し器から**4**のバットをおろし、2％の塩水を全体にふりかけ、もう一度蒸し器にかけて、強火で約10分蒸しあげる。

6 **1**のアマダイを観音開きに切り開いて広げ、**5**の赤飯を80gおいて包み、250℃のオーブンでアマダイに火が通り、表面が少しこんがりするまで（約13分）焼きあげる。

7 熊笹と枯れ朴葉で包んで竹の皮で結ぶ。カラスミ大根を添える。

鰑烏賊の和風ピラフ

スルメイカのおいしさに
アサリの旨みをプラス。
さらにイカのわたを加えて、
癖になる濃厚な味わいに。

材　料（5人前）

スルメイカ…2ハイ
アサリ（殻付き）…300g
マッシュルーム（薄切り）…4個分
玉ねぎ（みじん切り）…1/4個分
人参（みじん切り）…20g
ふき…1本
細ねぎ…1本
和風ピラフ
　米…2合
　調味料
　　だし…320mℓ
　　淡口醤油…25mℓ
　　みりん…20mℓ
　　酒…35mℓ
トマトピューレ…大さじ1

作り方

1 鍋に和風ピラフの調味料を入れ、アサリを加えて火にかける。アサリの口が開いたら火からおろし、アサリの身を取り出す。

2 スルメイカは水洗いをしてワタをとり、墨袋をとっておく。おろして皮をむき、細かく隠し包丁を入れ、3cm幅のそぎ切りにする。

3 ふきは鍋のサイズに合わせて切り揃え、塩で板ずりをしてから茹でて冷水にとって皮をむいて小口切りにする。

4 フライパンにサラダ油を熱して、玉ねぎ、人参、マッシュルームの順に加えて炒め、洗った米を加え、炒め合わせる。米が透き通ってきたら火からおろして炊飯器に移し入れる。

5 **4**に**1**の煮汁とアサリのむき身を加えて炊飯する。炊きあがったら、**3**のふきを散らし入れて混ぜ、器に盛る。刻んだ細ねぎを天盛りにする。

ご飯活用のデザート

ライスアイスクリーム

材　料（作りやすい分量）

牛乳…300㎖
卵黄…8個分
グラニュー糖…80g
生クリーム…250㎖
おかゆ…200g
バニラエッセンス…少々

作り方

1　鍋に牛乳、おかゆを入れて火にかけ、80℃になったらバニラエッセンスを加える。

2　ボウルに卵黄を入れてグラニュー糖を加え、泡立て器などでなめらかになるまで混ぜる。

3　別のボウルに生クリームを入れて泡立て、七分立てにする。

4　**1**に**2**を2〜3回に分けて加え混ぜたら火からおろし、粗熱をとる。

5　**4**に**3**の生クリームを少しずつ加えて混ぜ、流し缶に流し入れる。冷凍庫で冷やし固める。

6　**5**をフードプロセッサーにかけてなめらかにして、再び冷凍庫で冷やし固めたら完成。

苺のおはぎ

材料（おはぎ2個分）

いちご…小2個
つぶあん※…140g
きな粉…大さじ2
おはぎ用のご飯
（作りやすい分量）
うるち米…2合
もち米…2合
水…4合
上白糖…50g

覚え書き

❖つぶあんは、小豆500gを一晩水に漬けてから鍋に入れ、小豆の倍量の水を入れて火にかける。沸騰してきたら、一度水をかえて再度火にかける。煮汁が少なくなってきたら上白糖400gを加えて小豆にまぶすように混ぜる。水分が出てくるので、さらに煮詰めて火からおろして冷ます。冷めるとしまることを計算して、ややゆるめに煮上げるのがコツ。

作り方

1 いちごは小さめのものを用意し、ヘタをとっておく。
2 おはぎ用のご飯を炊く。うるち米ともち米を合わせて洗い、1時間浸水してから分量の水と上白糖を加えて炊飯器で炊く。
3 炊きたてのご飯140gをすり鉢に移し、すりこ木で半づきにして、70gずつ分割して丸めておく。
4 つぶあんを70gずつ丸める。
5 「苺のおはぎ」を二種作る。いちご1個を**3**のご飯70gで包み、つぶあん70gで表面を覆い、形を整える。もうひとつは、いちご1個をつぶあんで包んで、ご飯70gで覆い、形を整えてきなこをまぶす。

米団子と地鶏の小鍋仕立て

秋田県の郷土料理「だまっこ鍋」から発想した小鍋料理。
小判形の餅はご飯を半突きにしてつくり、米の食感を残すのがポイント。

材料（1人前）

ご飯…120g
地鶏もも肉…100g
酒…小さじ1
ささがきごぼう…40g
青ねぎ…1/5本
椎茸…1枚
せり…1/5束
梅人参・大根…各1枚
鍋だし（作りやすい分量）
だし…450㎖
淡口醤油…30㎖
みりん…20㎖
酒…30㎖

作り方

1 炊きたてのご飯をすり鉢に入れて、すりこ木で半つぶしにして、小判形に丸めて220℃のオーブンで15分焼く。
2 鶏もも肉は食べやすい大きさに切り、酒をふる。
3 ごぼうはささがきにして水に放しておく。
4 せりは5㎝長さに切る。青ねぎは斜め切りにする。人参、大根はそれぞれ梅型で抜いてさっと茹でる。
5 鍋に鍋だし350㎖を張って火にかけ、沸いてきたら、**1**～**4**の材料を見栄えよく入れ、煮ながら食べる。

ご飯のおかず一品

鶏挽き肉とごぼうのきんぴら

材料（作りやすい分量）

鶏挽き肉…90g
サラダ油…大さじ1
ごま油…小さじ1
ごぼう…100g
調味料
濃口醤油…25㎖
みりん…20㎖
酒…30㎖
上白糖…15g
炒り白ごま…小さじ1
一味唐辛子…少々

作り方

1 鍋にサラダ油とごま油を熱し、鶏挽き肉を炒める。肉汁と油が透明になるまでしっかりと炒めたら、ささがきにしたごぼうを加え、しんなりするまで炒め合わせる。

2 調味料を加えて強火で炒め合わせ、煮汁がほとんどなくなってきたら、炒りごまと好みで一味唐辛子をふって仕上げる。

ごぼう、土生姜、大根の味噌漬け

材料（作りやすい分量）

ごぼう…適量
土生姜…適量
大根…適量
塩…適量
田舎味噌…適量
酒…適量
みりん…適量

覚え書き

❖田舎味噌に加える酒、みりんは、田舎味噌500gに対して酒50㎖、みりん30㎖を目安に。

作り方

1 ごぼう、土生姜、大根は、それぞれ強めに塩をして約1週間おいて塩漬けにする。

2 1を水洗いして塩抜きして水気をふき、田舎味噌に酒、みりんを加えて2週間~1ヶ月漬け込む。

卵の花のだし巻き卵

材　料（4人分）

卵の花（作りやすい分量）
おから…400g
鶏もも肉…100g
ごぼう…40g
人参…30g
蓮根…40g
こんにゃく
（下茹でしたもの）…50g
干し椎茸（戻したもの）…40g
太白ごま油…50mℓ
青ねぎ（小口切り）…3本分

卵の花の調味料
だし…1200mℓ
淡口醤油…70mℓ
みりん…100mℓ
上白糖…70g
塩…10g

だし巻き卵の地（作りやすい分量）
卵…6個
だし…180mℓ
淡口醤油…少々
塩…少々

作り方

1 卵の花を作る。おからは水洗いしてからフードプロセッサーでなめらかにしておく

2 鶏もも肉は1cm角に切る。ごぼう、人参、蓮根、こんにゃく、戻した干し椎茸も細かく切る。

3 鍋を熱して太白ごま油を熱し、鶏肉を炒めて色が変わったら、**2**の野菜類とこんにゃくを加えて炒め合わせる。

4 **1**のおからを加えて全体に油がなじんだら卵の花の調味料をすべて加え、煮汁がほとんどなくなるまで中火で炊く。

5 最後に弱火にし、おからがしっとりとするまで木べらで炒めて火からおろし、水にさらした青ねぎを加える。

6 卵焼き器を火にかけて充分に熱して油をなじませたら、合わせただし巻き卵の地300mℓを用意し、適量を流し入れ、**5**の卵の花150gを芯にして、何度かに分けてだし巻き卵の地を流し入れながら巻き込む。

7 **6**が熱いうちに巻きすにとって巻き、しばらくおいて形を整え、落ち着かせてから、食べやすい幅に切り分けて器に盛る。

炙《あぶ》りへしこ

材　料（1人前）

サバのへしこ…適量

作り方

1 サバのへしこは、ぬかをぬぐいとり、2枚におろして薄くそぎ切りにする。

2 **1**を天火で軽くあぶる。

油目揚げだし　重湯《おもゆ》仕立て

すり流しのおいしさを活かしたご飯料理の一品。
おも湯の口当たりのよさが、
アイナメの揚げ出しにマッチし、評判を呼ぶ。

材料（1人前）

アイナメ（おろし身）…120g
オクラ…2本
おも湯だし※…120ml
梅肉…少々

覚え書き

❖おも湯だしは、だし5カップ、米1/3カップ、酒10mlを合わせて火にかけ、米がくずれるまで弱火でコトコト炊いたら裏漉しする。塩小さじ2/3、淡口醤油少々で味を調える。

作り方

1 アイナメはおろし身にして、細かく骨切り包丁で切り込みを入れる。葛粉をまぶして180℃の油でからりと揚げる。

2 オクラは塩みがきをしてさっと茹で、冷水にとって水気をきり、縦半分に切り、種を取り除いてから包丁の刃で叩く。

3 器に**1**のアイナメを盛り、おも湯だしを張る。**2**の叩きオクラを天盛りにし、梅肉を添える。

押し麦のヘルシーサラダ

スーパーフードのアマニ油をドレッシングに活用！
たたみイワシを天盛りにし、パリパリとした食感が楽しい。

材料（1人前）

押し麦…50g
サラダほうれん草…30g
京水菜…15g
ルッコラ…15g
マッシュルーム（白）…3個
紅芯大根…20g
ミニトマト…2個
たたみイワシ…1/2枚
柚子の皮…少々
ドレッシング
アマニ油…20mℓ
米酢…10mℓ
濃口醤油…10mℓ
柚子絞り汁…5mℓ

作り方

1 サラダほうれん草、京水菜、ルッコラは、それぞれ食べやすく切り、水にさらす。
2 紅芯大根は皮をむいて、薄いいちょう切りにして水にさらす。マッシュルームはスライスする。ミニトマトは輪切りにする。
3 押し麦は水洗いして1～2時間水につけ、ザルにあげて、普通の水加減より1～2割多めの水加減で炊く。
4 ドレッシングの材料を合わせ、攪拌してよく混ぜておく。
5 たたみイワシは170℃の油でさっと揚げ、食べやすい大きさに切る。
6 器に**1**～**3**を盛り、ドレッシングをかけて**5**をトッピングし、針柚子をあしらう。

宝餅みぞれあんかけ

正月に余った餅の活用法として考えた一品。餅を湯で柔らかくし、車エビ、アナゴ、銀杏など具を包んで揚げる。最後にみぞれあんかけに。

材料（1人前）

車エビ…1/3尾
焼きアナゴ…15g
銀杏…1個
百合根…1枚
大根…100g
餅…1個
みぞれあん
だし…80mℓ
淡口醤油…10mℓ
みりん…10mℓ
大根おろし
（水分をきったもの）…50g

水溶きの葛粉…大さじ1

作り方

1 車エビは、のし串を打って塩茹でし、冷水にとって殻をむく。むき身は3等分に切る。焼きアナゴは2cm角に切る。

2 銀杏は殻を割り、米のとぎ汁で茹でる。百合根は塩茹でする。

3 餅は、茹でて柔らかくしてから広げて片栗粉をまぶす。これに**1**、**2**をのせて包み込み、冷ましておく。

4 みぞれあんを作る。だし、淡口醤油、みりんを合わせて火にかけ、煮立ってきたら大根おろしを加え、水溶きの葛粉でとろみをつけて火を止める。

5 **3**を180℃の油で揚げ、熱々のみぞれあんをかけ、軸三つ葉を天盛りにする。

鮑のお米グラタン

アワビと白飯を混ぜ、アワビの殻に入れてグラタンに。
客前でたっぷりチーズを削りかける演出が女性客に評判を呼ぶ。

材料（1人前）

アワビ…1/3個
玉ねぎ（みじん切り）…30g
マッシュルーム
（スライス）…2個分
ご飯…60g
無塩バター…20g
粉チーズ（パルメザン）…15g
塩・胡椒…各少々
ホワイトソース
（作りやすい分量）
小麦粉…30g
無塩バター…30g
クリームチーズ…20g
牛乳…400mℓ
白味噌…15g
ガーリックバター…15g
塩・白胡椒…各少々

作り方

1 ホワイトソースを作る。鍋を熱してバターを溶かし、小麦粉を加えてダマにならないよう弱火にして混ぜ、なめらかになったら温めた牛乳を少しずつ加えてのばす。クリームチーズ、白味噌を加えて練り。塩と白胡椒で味を調える。仕上げにガーリックバターを加えて混ぜる。

2 アワビは殻から身をはずして塩みがきしてから1cm角に切る。

3 フライパンを熱してバターを溶かし、玉ねぎをさっと炒めたら、**2**のアワビとマッシュルームを加えて炒め合わせる。

4 ご飯を加えて、全体に炒め合わせ、塩、胡椒で味を調えたら、**1**のホワイトソース100gを加えて混ぜる。

5 **4**をアワビの殻に盛り、220℃のオーブンで15分焼き、粉チーズをふる。

車海老道明寺粉揚げ

蒸したもち米を干して挽いてつくった道明寺粉を衣に使った変わり揚げ。彩りのよさが料理を華やかにする。

材　料（1人前）

車エビ…3尾（90g）
小麦粉…少々
卵白…少々
道明寺粉…少々
くわい…1/2個
山椒塩…少々

作り方

1 車エビは頭をとって尾を残して殻をむき、背ワタをとる。腹側から切り込みを1/3深さくらいまで切り込みを入れて筋を切る。さらに指先でつまむようにしながら全体の筋を切っておく。

2 **1**のエビに、小麦粉、卵白、道明寺粉の順につけ、180℃の油で揚げる。

3 くわいは、皮を六方むきにして、2㎜厚さの薄切りにして水にさらす。水分をきって水気をふき、160℃の油でゆっくりと揚げ、水分がなくなるまでカリッと揚げ、塩をふる。

4 敷紙をしいた器に**2**のエビ、**3**のくわいを盛り、山椒塩を別添えにする。

うすい豆ご飯 甘鯛包み蒸し

甘ダイ、新筍、グリンピース…
春の味わいを盛り合せたご飯料理。
銀あんをかけておいしさをさらにアップ。

材料（1人前）

甘ダイ（上身）…100g
新筍※…20g
木の芽…2枚
昆布…1枚
うすい豆ご飯（作りやすい分量）
米…2カップ
水…420mℓ
酒…20mℓ
塩…小さじ1/2
昆布…5cm角1枚
うすい豆（グリンピース）…100〜120g

銀あん
だし…100mℓ
塩…少々
淡口醤油…少々
酒…少々
水溶きの葛粉…小さじ1

作り方

1 うすい豆ご飯を作る。米は洗ってざるにあげておく。炊飯釜に洗った米、残りの材料をすべて入れて炊飯する。

2 甘ダイは、上身にしたものを用意し、薄塩を当てて1時間ほどおいてから、さっと水洗いして水気をふき、観音開きにして酒少々をふる。

3 **2**の甘ダイを広げ、**1**のうすい豆ご飯100gをのせて包む。

4 蒸気のあがった蒸し器に昆布を敷いて**3**を入れ、強火で約8分蒸す。

5 銀あんを作る。だし、塩、淡口醤油、酒を合わせて火にかけ、水溶きの葛粉でとろみをつける。

6 器に**4**を盛り、熱々の銀あんをかけて新筍を盛り、木の芽をあしらう。

覚え書き

❖新筍は、水洗いをしてから穂先を斜めに切り落とす。鍋に新筍、水、米ぬか、鷹の爪1本を入れ、弱火で1時間程度茹でたら火を止め、そのまま冷めるまでおく。取り出してきれいに洗ってから、そうじをして薄切りにし、吸地でさっと炊く。

伊勢海老のリゾット風雑炊

贅を極めた和風リゾット。
伊勢エビの頭でとった濃厚な味噌だしに、
さらに伊勢エビの身を入れ、
すべてを活用して旨みを出し尽くす。

材料（1人前）

伊勢エビ（上身）…80g
百合根…20g
あさつき（小口切り）…1本分
粉チーズ（パルメザン）
…大さじ1
ご飯（かために炊いたもの）
…180g
玉ねぎ（みじん切り）…1/4個分
無塩バター…20g
リゾット雑炊だし
（作りやすい分量）
伊勢エビの頭…1尾分
だし…1000mℓ
白味噌…80g

作り方

1 伊勢エビは1尾（300g）を用意し、縦半分に割る。頭は8等分にする。身部分は食べやすく切って別にとっておく。
2 リゾット雑炊だしを作る。鍋にだしと**1**の伊勢エビの頭、殻を入れて火にかけ、2割程度煮詰める。濾してから白味噌を溶き入れる。
3 ご飯はザルに入れて水洗いする。
4 鍋を熱してバターを溶かし、玉ねぎを炒めたら、**3**のご飯を入れ、1人前につき雑炊だし120〜150mℓを3〜4回に分けて加える。
5 ご飯が水分を吸ってきたら、仕上げに**1**の伊勢エビ、百合根を加えて、粉チーズをふり、全体をざっと混ぜる。
6 器に盛り、あさつきの小口切りを散らす。

ご飯いろいろ

古代米

黒米（紫米）、赤米など古代から栽培されている特徴を受け継ぐ。タンパク質、ビタミン、ミネラルが多く、健康米として人気。一般に白米に混ぜて炊く。

麦飯

大麦の押麦、丸麦を使ったご飯で、麦とろ飯が有名。高血糖、高血圧、高コレステロールに効果がある。独特の臭いがあるので、白飯に混ぜるとよい。

五穀米

米に麦、粟、豆、稗《ひえ》、黍《きび》など五種類の穀物を混ぜ合わせたもの。ビタミン、ミネラル、穀物繊維が豊富な健康食。最近は十穀米なども話題になっている。

赤飯

もち米に小豆を混ぜて炊いたご飯で、赤い色が特色。そのため、ハレの日のお祝い食として食べることが多い。タンパク質、銅、亜鉛などを多く含む。

玄米

精白していない米で、胚芽が残ったままのもの。ビタミン、ミネラルなどの栄養素が豊富で、玄米だけ食べれば、必要栄養がまかなえると言われている。

おいしいご飯の炊き方

和食の基本ともいえる、つやつやの銀しゃりは、それだけでごちそうだ。近年は炊飯器の性能も格段によくなり、手軽に美味しくご飯を炊けるようになった。ただ美味しいごはんを炊くには、炊飯器の性能もさることながら下準備が大事である。ここでは炊き上がりに差のつく下準備のコツを紹介する。

1 計量する

きっちり計る

● ご飯は水加減によって炊きあがりの状態が変わる。まず米の計量をきちんと行うことで、後で水加減をする際にも適正な量を加えることができる。

2 研ぐ

手早くやさしく

● まず米を研ぐ前にサッと洗い、すぐに水をかえる。これで米に残った糠《ぬか》、ゴミ、ほこりなどを取り除いて米に吸収されるのを防ぐ。

● ボウルに米を入れ、指を立てながら一定方向にまわすようにして米を研ぐ。このとき、力が強すぎると米が割れてしまうので、やさしく行うことが大切。

● 水を入れてさっと洗い、白く濁った研ぎ汁を捨てる。同様の作業を3回繰り返し、研ぎ汁がやや白濁している程度でザルにあげる。米が水を完全に吸収するまで1～2時間あげておく。

※ 米の精米技術が昔に比べて格段に向上しているため、糠はさほど残っていないので、米をごしごし研ぐ必要はない。逆に米を研ぎ過ぎると、米の風味や味わいまで抜けてしまうので注意。

※ 時間が経過した古米は、新米よりややしっかり研ぐとよい。

土鍋でご飯をおいしく炊くには…

料理屋では土鍋で炊いたご飯を〆として出す場合も多く、白いご飯はもちろん、炊き込みご飯を土鍋で出すと客に喜ばれる。土鍋で炊く場合もコツさえ掴めば意外に簡単。ポイントは火加減。最初は中強火にかけ、沸騰したら弱火にして15分程度炊き、火を止めて約10分蒸らす。おこげを作りたい場合は最後に中火にして少し加熱するとよい（加熱時間は土鍋により調整する）。

3 水加減・浸水

新米と古米で浸水時間を調整

- 研いだ米を炊飯釜に入れ、水加減をする。水と米の容量の割合は1対1を目安に。
- 新米の場合は40分~1時間程度、古米は1時間程度を目安に浸水させる。

※炊飯する水は、硬水よりも軟水を使うと、ふっくらやわらかく炊きあがる。

※水加減は季節や、米の種類によっても変化するので、その都度微調整をする。新米は、やや少なめ、古米はやや多め、など。

4 炊飯・蒸らし

炊けたらほぐし、余分な水分をとばす

- 内釜の外側がぬれていると、炊飯器の故障や炊きむらのできる原因になるので、軽くふき取ってから炊飯器にセットしてスイッチを入れるようにする。
- 炊き上がった後の工程も大事。少し蒸らすことで一層旨みが増す。さらにしゃもじで十字に切って、釜の底からご飯を混ぜるようにしておこし、ほぐすことで、ご飯の余分な水分をとばすとともに、炊きムラをならして均一な炊きあがりに。

※蒸らし機能がついている炊飯器は、すぐにふたを開けてもよい。

高性能ＩＨ炊飯器なら楽々！確実においしいご飯が炊ける

1升炊きまで可能な高性能ＩＨ炊飯器。高い蓄熱性を持つ5層遠赤特厚釜が１３０℃（なべ底の温度）の高加熱で釜全体を加熱し、米の芯からふっくら炊きあげる。さらに１１０~１１５℃の高温蒸らしで米のアルファ化を促進し、米の甘みを引き出す。炊き方メニューも、白米、無洗米、早炊き、雑穀米、炊き込み、おかゆなど、多彩な設定に対応。大型冷却ファン採用で連続炊飯も楽々こなす。

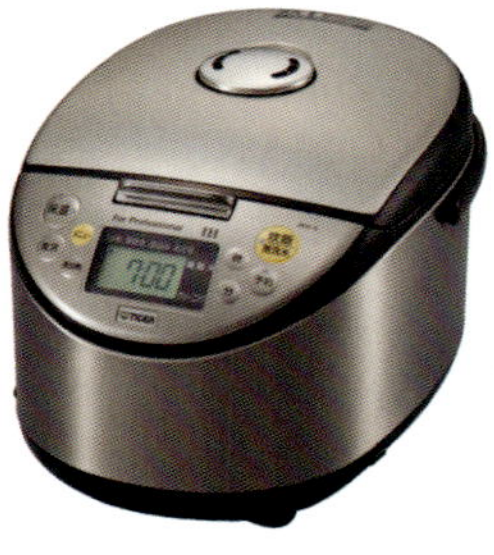

業務用 IH 炊飯器 炊きたて（JKH-S18P-KS）タイガー

秋の点心

子持ちアユに渡りガニ、栗、銀杏と、しみじみとした秋の味覚を取り揃えた点心膳。ご飯は時季のカマスを酢じめにして棒ずしに。やや控えめのボリュームながら、季節の椀物を添えると、昼時の集まりなどにも向く。予持ちアユはごぼうとともに白味噌を加えて炊き、温かみのある味わいに。

子持ち鮎西京煮 ①

子持ちアユは素焼きにして冷ましてから、下茹でしたごぼうと一緒に煮汁（だし８００㎖、酒２００㎖、白味噌40g、淡口醤油20㎖、みりん30㎖、砂糖大さじ1、酢小さじ1）でごく弱火にして2〜3時間炊く。

栗八方煮 ②

栗は皮をむき、くちなしの実を割り入れて湯がいて水にさらし、八方地（だし２００㎖、淡口醤油小さじ1/2、みりん小さじ1、塩少々、酒20㎖）で煮てから焼き目をつける。

ほうれん草と春菊のポン酢和え ③

ほうれん草、春菊はそれぞれ塩茹でして水気を絞り、3㎝長さに切る。黄菊はほぐして、酢少々を加えた熱湯でさっと湯がいて水に取って水気をきる。ほうれん草、春菊、黄菊をポン酢（ポン酢15㎖、だし15㎖、濃口醤油5㎖、みりん2㎖、すだち絞り汁少々）で和えて柚子釜に盛り、イクラ醤油漬けをのせる。

渡り蟹 ④

渡りガニは甲羅をはずしてガニを取り、塩焼きにして食べやすく切る。

松　茸 ⑤

松茸は酒、塩をふってさっと焼く。

銀杏 ⑥

銀杏は素揚げにして塩をふり、松葉串に刺す。

松葉ごぼう ⑦

ごぼうは松葉切りにして素揚げにし、塩をふる。

ご飯

かます棒ずし ⑧

1 カマスは三枚におろして腹骨と中骨を抜いて強めに塩をふって30分おく。これを水洗いしてさらに酢に10分漬けたのち半日おく。

2 米1カップはかために炊いて、すし酢（米1カップに対して米酢20㎖、砂糖13g、塩4g）を合わせてすし飯を作る。

3 **1**のカマス1/2尾の皮目に包丁を入れ、110頁「鯖棒ずし」を参照してカマスと**2**のすし飯で棒ずしを作る。甘酢で炊いた白板昆布をのせて、食べやすい大きさに切り分ける。香の物として甘酢生姜を添える。

甘酢生姜 ⑨

春の点心

季節の訪れを感じさせる一寸豆をご飯と真丈椀に作った春の点心。料理は、アナゴとタイの子の炊き合わせ、稚アユ揚げびたし、マナガツオ西京漬け、風干しキスなど、この時季に旬を迎える魚介を少量ずつ盛り込み、酒をすすめる仕立てに。半熟卵やさつま芋レモン煮で、鮮やかな色彩を添える。

炊き合わせ

穴子鳴門煮 ①

アナゴは開いて背ビレを取り、皮目に熱湯をかけてぬめりを取る。皮目を上にして小麦粉をつけ、色紅少々を加えたすり身を薄くぬって縦長におき、手前にうずらの如で卵をおいて巻き込み、中火で10分蒸す。これを合わせだし（だし200㎖、酒100㎖、淡口醤油大さじ1、みりん大さじ1 1/2、砂糖大さじ2/3、塩小さじ1/2）で煮含める。

鯛の子含め煮 ②

タイの子は食べやすい大きさに切って熱湯で霜降りにし、冷水に取ってザルにあげて水気をきる。煮汁（だし250㎖、酒50㎖、淡口醤油30㎖、みりん30㎖、砂糖大さじ1/2）を煮立たせた中に入れ、へぎ生姜少々を加えて含め煮にする。

花蓮根 ③

蓮根は花形にむいて5㎜厚さに切って酢水につけた後、水にさらして水気をきる。

新さつま芋レモン煮 ④

さつま芋は3㎝長さに切り、皮を薄くむいて面取りをする。熱湯にくちなしの実を割り入れ、さつま芋を弱火で如で、水にさらす。別鍋に煮汁（水200㎖、砂糖大さじ3、塩少々）

を合わせてさつま芋を含め煮にし、最後に淡口醤油1滴とレモン汁大さじ1を加える。

三度豆 ⑤

いんげんは軸を切って半分に切り、塩を加えた熱湯で湯がいて、吸地八方だしに漬け込む。

稚鮎揚げ浸し ⑥

稚アユは「つ」の字にようじを打って唐揚げにし、合わせ汁（だし200㎖、淡口醤油40㎖、みりん40㎖を一度煮立ててから冷ましたもの）に漬け込む。

八寸

真魚鰹西京漬け ⑦

マナガツオはおろし身の切り身を用意し、薄塩をあてて1時間おいて洗い、水気をふく。これを味噌床（白味噌400ｇ、酒粕100ｇ合わせ、酒50㎖、みりん50㎖を加え混ぜたもの）に1〜2日漬け込む。遠火の中火で焼き上げ、仕上げにみりんをぬる。

半熟卵 ⑧

湯を沸かして卵を入れ、まず軽く混ぜながら2分茹で、さらに5分茹でて水に取り、少し冷めたら殻をむいて半分に切り、淡口醤油を1、2滴落とす。

鱚風干し ⑨

キスは水洗いして大名おろしにし、玉酒（水1カップ、酒1カップ、塩15ｇ）に15分漬けた後、2時問天日干しにして酒をぬり、天火で焼き上げる。

紋甲烏賊ろう焼き ⑩

イカは上身を用意し、薄塩をあてて金串を打ち、両面焼きにする。表面に卵黄を2〜3回ぬりながらあぶるようにして焼き上げ、短冊切りにする。

よもぎ麩オランダ煮 ⑪

よもぎ麩は食べやすい大きさに切り、170℃の油で揚げ、油抜きをしてから八方だし（だし200㎖、濃口醤油30㎖、みりん30㎖）で炊く。

椀物

一寸豆真丈椀 ⑫（若布、のし車海老、木の芽）

1 そら豆は薄皮をむいて立て塩につけた後、強火で2分蒸し、小麦粉をまぶす。

2 すり身100gを昆布だし50㎖でのばし、おろし山芋10gと卵白1/2個分を加え混ぜてつなぎ、1と合わせる。

3 昆布だしを煮立てて、2のすり身をつみとって落とし、弱火で3～4分煮て火を通す。

4 車エビは頭と殻を取って腹開きにし、背ワタを除いて葛粉をまぶして軽くのす。昆布だしを煮立たせた中に車エビを落とし、冷水に取って水気をふき、吸地に漬ける。

5 ワカメはそうじをして食べやすい大きさに切り、吸地につける。

6 お椀に3、4、5を盛り入れて吸地を張り、松葉柚子をあしらう。

※ 吸地は、だし5カップ、塩小さじ1、淡口醤油小さじ1、酒小さじ2を合わせたもの。

ご飯

一寸豆ご飯 ⑬

米2カップに対して塩小さじ2/3、酒20㎖、昆布5gを入れてご飯を炊く。そら豆は薄皮をむいて立て塩に30分つけた後、強火で1分間蒸し、炊きたてのご飯と混ぜ合わせ、ひさご形で押す。香の物として沢庵と胡瓜浅漬けを添える。

著者紹介

吉田《よしだ》　靖彦《やすひこ》

1951年兵庫県西宮生まれ。大阪・心斎橋で『鶴林よしだ』を経営。その後弟子に移譲し、姉妹店として兵庫・三田に『鶴林　美味旬菜』を出店。現在、同店経営のほか、日本のみならず海外にも料理指導を行うなど活躍中。『酢の料理大全』『日本料理の調理技法』（小社刊）ほか著書多数。

※本書は旭屋出版MOOK『おいしいご飯料理』に新しいご飯料理を加え、再編集し、改題して新しく書籍化したものです。

■調理協力／「鶴林よしだ」店主　舛田篤史
「割烹 鶴林 美味旬菜」店長　吉田梢

■編　　集／岡本ひとみ
■撮　　影／吉田和行
■アートディレクション／國廣正昭
■デザイン／佐藤暢美

■割烹 鶴林 美味旬菜
［住　　所］兵庫県三田市南ヶ丘1丁目22-10
西田ビル2階
TEL.079-562-1122
FAX.079-562-1122
［営業時間］昼　11：00 ～ 12:30
13：00 ～ 14:30（2部制）
夜　17：30 ～ 21：00L.O
定休日　水曜日

評判を呼ぶプロの味づくり
和食店の人気の「ご飯料理」大全

発行日　平成29年3月27日　初版発行

著　者　吉田《よしだ》　靖彦《やすひこ》

発行者　早嶋　茂
制作者　永瀬正人
発行所　株式会社 旭屋出版
〒107-0052
東京都港区赤坂1-7-19 キャピタル赤坂ビル8階
TEL：03-3560-9065（販売）
03-3560-9066（編集）
FAX：03-3560-9071
旭屋出版ホームページ　http://www.asahiya-jp.com
郵便振替　00150-1-19572

印刷・製本　大日本印刷株式会社

ISBN978-4-7511-1268-7　C2077